ケズィック・コンベンション説教集 2011

生きるとはキリスト

To Live is Christ.

ALL ONE IN CHRIST JESUS

日本ケズィック・コンベンション

表紙デザイン：ロゴスデザイン　長尾　優

序　文

日本ケズィック東京委員会委員　本間　義信

今大会は、日本ケズィック・コンベンションにとって、五〇回目となる、誠に記念すべき大会でした。半世紀を神の恵みと守りによって支えられ、祝されて参りました。

今大会のために主なる神は、実に二人のエースを備え、集会を祝してくださいました。出席者が五〇〇名に近く与えられたことも、大変嬉しかったことです。

メイン講師の一人、ロバート・エイメス師は、三回のバイブル・リーディングを担当されました。先生は、英国ケズィックにおいても切り札的講師のお一人です。キリストの恵みを、平易にメッセージしてくださいました。現代社会に生きるキリスト者の実際体験を例話した、身近な説教となっています。

メイン講師のもう一人は、デビット・オルフォード師です。アメリカのテネシー州のメンフィスで、オルフォード・ミニストリーズ・インターナショナルの総裁やスティーブン・オルフォード説教研修センターのディレクターとして奉仕しておられます。

先生は聖書を講解するのにふさわしい講師で、諄々と聖書が説き明かしてくださいました。

今回は特に二日目の午後に、五〇年記念の式典と聖会が開かれました。峯野龍弘委員長が説教をし、デビット・オルフォード博士が式辞を述べられました。

出席された方々は、参加した時の光景を思い浮べつつ、今年のこの『説教集』でメッセージを思い返してください。きっと新しく恵みを受けられることでしょう。

出席できなかった方々は、この『説教集』をお読みになることによって、御言葉の説き明かしに触れ、生ける主の御旨に服する恵みを、ぜひいただいて欲しいと祈るものです。

私たちは御言葉を通して、「みな、キリスト・イエスにあって一つ」だからです。


（日本ケズィック東京委員会委員）

二〇一一年六月

生きるとはキリスト

To Live is Christ.

目次

〈バイブル・リーディング1〉

わたしにとって、生きるとはキリスト

ロバート・エイメス

フィリピ1・21

わたしにとって、日本ケズィック・コンベンション五〇周年記念大会に招かれたことはもっとも大きな特権です。

わたしがこの箇所を選んだ理由は、過去数年の間に自分自身が痛みや苦しみを経験したからです。この集会はバイブル・リーディングですが、イギリスではこの奉仕はとても準備がたいへんだとされていますので、ぜひ、熱心に耳を傾けてください。中心聖句は、フィリピの信徒への手紙1章21節です。「わたしにとって、生きるとはキリストであり、死ぬことは利益なのです」。

御言葉の背景を理解することはとても重要です。パウロはローマの監獄に入れられ、殉教の死を遂げようとしていました。独房に入れられていたのです。彼はそこでフィリピの教会の友人たちに手紙を書きたいと思いました。彼はフィリピの教会をとても愛していたからです。パウロの独房に思いを馳せてみましょう。彼は石で打たれ、鞭で打たれ、難破さえしていましたから、きっと醜い状態だったと思います。そのパウロには、二つの願いがありました。一つは霊的な願いであり、もう一つは人間的な願いです。

私たちもパウロと同じような願いをもっています。あなたの霊的な願いは何でしょうかとパウロに尋ねると、「キリストを知ることです」と答えました。「人間的な願いは?」と尋ねると、「わたしはフィリピの友人たちに会いたいのです」と答えるでしょう。「あなたがたに会うにしても、離れているにしても」(1・27)とあるとおりです。

パウロは会いに行きたいと願っていました。2章24節には、もっと確信をもって、「わたし自身も間もなくそちらに行けるものと、主によって確信しています」と記しています。これは彼の人間的な願いです。イエス・キリストを知りたいという願いは、神さまによって実現されました。しかし彼の人間的な願いは、実現しませんでした。なぜなら彼は殉教の死を遂げたからです。自分の人間的な願いが実現するかどうかは知らないが、私にとって一番大事なことは、主イエス・キリストとの個人的な関係なのです。これがパウロの確信でした。人生の根底をなすことでした。イエス・キリストを知りたいという願いです。フィリピの教会の兄弟姉妹に会いに行きたいという願いは実現しませんでした。

私たちも人生の計画をいろいろ立てます。しかし人生には希望と共に落胆もあります。私はかつて弁護士になりたいと願っていました。その願いは実現には至らず、福音を語る者になりました。この願いはかつての願いよりも遙かに優れていると思います。1章12節を見てください。「兄弟たち、わたしの身に起こったことが、かえって福音の前進に役立ったと知ってほしい」と。様々な悲しいつらいことが起こったけれども、それは福音を前進するために用いられたのです。

「わたし」という言葉と、「福音」という言葉を、パウロは関連づけて書いています。福音は私の人生に関わります。家族、結婚、仕事、これらのことが「わたし」という言葉に含まれています。もう一つは「福音」です。この二つの言葉が密接に関連していることに注目してください。私のうちに働くすべてのことが働いて、福音の前進に役立つのです。霊的には、何よりもイエス・キリストを知りたいと願い、人間的にはフィリピの教会の友に会いに行きたいのです。一つは実現し、一つは実現しませんでした。心から願っても実現しなかったのです。これはパウロだけでなく、私たちが経験することです。

「わたしとキリスト」。パウロは「わたしにとって、生きるとはキリストです」と言い、13節には「わたしが監禁されているのはキリストのためであると、兵営全体、その他のすべての人々に知れ渡り」と言っています。パウロが鎖につながれているのはキリストのためであり、彼にとって生きるとはキリストです。

私は三年前に手術を受けました。意識が戻ってくるときにこんなことがありました。麻酔が切れてくるときは頭がぼうっとしています。そんなとき、隣のベッドの人がわたしに質問をしてきました。「あなたの仕事は何ですか?」。わたしは「牧師です」と答えました。その人は、「牧師が病気にかかるとは想像もしていませんでした」と言いました。でもそんなことはないのです。牧師も痛みを経験し、泣くことがあるのです。

「わたしとキリスト」とは同じです。霊的な願いと人間的な願いがあります。これが起こって欲しいとパウロは思ったでしょう。「わたしはキリストを知りたい」と彼は願ったのです。パウロは自分の苦しみがキリストの故であることを知っていました。「あなたはこのような苦しい働きを楽しんでいるのですか?」と尋ねたら、「そんなことはない」と答えたと思います。しかしそれはキリストのためなのです。私がキリストをもっと深く知りたい。14節ではもっと詳しく語っています。「主に結ばれた兄弟たちの中で多くの者が、わたしの捕らわれているのを見て確信を得、恐れることなくますます勇敢に、御言葉を語るようになったのです」と。

パウロが苦しんだことを通して、他のクリスチャンたちが勇気を与えられたのです。19節を見てください。「あなたがたの祈りと、イエス・キリストの霊の助けとによって、このことがわたしの救いになると知っているからです」とあります。あなたの祈りと、聖霊の働きが互いに共に働くのです。わたしは今、日本に来ておりますが、イギリスでは私たちの教会の人々が私のために祈ってくれています。この祈りと聖霊が共に働くのです。（写真、アテネで説教するパウロ Raphael, Saint Paul Preaching in

Athens, 1515-1516)

パウロはまもなく殉教しなければならないかもしれないと私たちがパウロを訪ねて告げたとしたら、「わたしにとって、生きるとはキリストであり、死ぬことは利益なのです」と答えたことでしょう。このことを深く心にとめたいと思います。この言葉の真理と力をより深く知っていただきたいのです。たとえ私の人間的な願いが実現しないとしても、死ななければならないとしても、「死ぬことは利益」なのです。ギリシア語の聖書では、「わたしにとって生きること、キリスト。わたしにとって死ぬこと、利益」と短く書かれています。この言葉はパウロの神学をよく表しています。この言葉に対して何も付け加える必要のない、最終的な言葉なのです。

これはクリスチャンの深い経験、クリスチャンの成熟のために必要な経験を語っています。「それで、わたしたちはいつも心強いのですが、体を住みかとしているかぎり、主から離れていることも知っています。目に見えるものによらず、信仰によって歩んでいるからです。わたしたちは、心強い。そして、体を離れて、主のもとに住むことをむしろ望んでいます」（Ⅱコリント5・6～8）。さらに9節では、「ひたすら主に喜ばれる者でありたい」と言っています。

私たちはごく普通の人間ですが、人々は、「パウロ、あなたは特別なクリスチャンだからそう言えるのでしょう」と言うかもしれません。私と妻にはこの数か月の間、重大な問題がありました。ケズィックのメッセージを準備しながら、自分自身の問題についても考えていました。私たちはいろいろなことのために生きています。

仕事はとても大事なことです。教会のある執事は建築家で、神の人でした。彼の職場である日、火災警報機が鳴り、人々は駐車場へと脱出していきました。そしてこの火事によって彼は仕事を失ったのです。私は彼に会いに行きました。教会も彼をサポートしようとしました。

パウロがフィリピの教会の兄弟に会いに行きたいという願いを持つのと同じように、私たちのこの世での願いも何も非難されることではありません。けれども、お尋ねしたいことは、「あなたは何のために生きておられるでしょうか」ということです。パウロは答えました「わたしにとって、生きるとはキリスト」と。

イギリスでは家庭がとても大切です。家を美しく保つことを大事にします。そのことを私は非難しませんし、私もそのような家に住んでいます。私の親戚の一人が事業に失敗し、すばらしい絵を手放さなければならなくなりました。あなたは何のために生きておられるでしょうか。パウロは言いました。「わたしにとって、生きるとはキリストです」と。

健康も大事です。私たち夫婦はずっと健康が与えられていましたが、この数年私たちは健康上の問題を抱えました。どうしてこういうことが起こるのでしょうか。パウロは私にはわからないと言うでしょう。「わたしに起こったことと、あなたに起こったこととは違うのだから」と言うかもしれません。でも彼は、「わたしにとって、生きるとはキリストであり、死ぬことは利益なのです」とも言うでしょう。

学術的研究も大事な仕事です。妻と夫が愛し合うことも大事です。けれども生きる目的は何でしょうか。自分を大事にしすぎることは危険です。「わたし」に焦点が当たります。パウロは「わたしとキリスト」といいます。最近は「安っぽい福音」が語られます。それは、クリスチャンの人生はバラ色の人生を歩むことだという教えです。心配することも問題も何もない人生が待っているというのです。けれどもパウロはそんなことはないと言います。

最近はクリスチャンが、十分に教えられ、整えられていないかもしれません。ここにケズィックの役割があります。私は正統的な教会、福音的な教会に属しているのだからそれで十分だ、苦しみは私には関係ないと考える人もいるでしょう。「わたしは、キリストとその復活の力とを知り、その苦しみにあずかって、その死の姿にあやかりながら、何とかして死者の中からの復活に達したいのです」（3・10～11）とパウロは言います。パウロはこの点は、はっきりしています。「わたしにとって、生きるとはキリストであり、死ぬことは利益なのです」と。このことを私たちはどれほど深く理解しているでしょうか。

私は死ぬということは、それほど心配していません。私が死ぬとき、私は神の前に移されることを確信しているからです。けれども心配していることもあります。それは「死ぬ」というプロセスです。このことを決しておろそかにしてはいけませんが、「死ぬことは利益なのです」という言葉がもっと大切なのです。パウロも彼の働きを通して多くの苦しみを受けました。彼は決して苦しみを願っていたのではありません。

私は牧師ですから葬儀にたずさわり、遺体を埋葬することがよくあります。そのときに、これは決して敗北ではなくて勝利なのだと語ります。「愛する者たち、わたしたちは、今既に神の子ですが、自分がどのようになるかは、まだ示されていません。しかし、御子が現れるとき、御子に似た者となるということを知っています。なぜなら、そのとき御子をありのままに見るからです」（Ｉヨハネ３・２）とあるとおりです。なんとすばらしいことでしょう。

パウロがローマの監獄にいて、まもなく死のうとしているときに、人々は言うでしょう。「パウロ、悲しいことだけれど、あなたのフィリピに行きたいという願いは実現しないでしょう」。パウロは椅子に座ってこのように答えるでしょう。「わたしにとって、生きるとはキリストであり、死ぬことは利益なのです」と。

神の子が経験するすばらしいことは、ある日キリストに似た者に、キリストと同じような心を持つ者に変えられること、何よりもキリストをありのままの姿で見ることができることです。それが人を造り変える力になります。そしてこの言葉が私たちをいつも支えるのです。

日本ケズィックの五〇年という記念すべきときに、一つの質問をしたいと思います。

あなたの願いは何ですか？

結婚することですか？　よい仕事を持つこと？　家庭を持つこと？　それらはすばらしいことです。

でもあなたはなぜここにおられるのですか？

私にも霊的な願いがあるのです。私はキリストを知りたいのです。お一人一人がキリストをもっと深く知ることができますように。たとえ私たちの人間的な願いがこの世で実現することがないとしても、「生きるとはキリストであり、死ぬことは利益なのです」。


（文責・大井 満）

〈バイブル・リーディング 2〉

これらの石は何を意味するのか

ロバート・エイメス

ヨシュア記4・5～7、20～24

おはようございます。五〇年という記念の年にゲストとして招かれていることは、本当に名誉であり、謙遜にさせられます。今朝、聖書から語ろうとしていることは、特に大切なことですので、集中して聞いていていただきたいと思います。五〇年を祝うこの歴史的な日に際して、神さまへの感謝の記念碑を建て上げたいと思います。

歴史とは何でしょうか。歴史は時間を通して起こった様々な変化を記録することだと言えます。私自身はケズィックの過去と今とをつなぐ役割を担っていると自覚しています。日本ケズィックにはじめて招かれたのは、第37回（一九九八年）のときで、スティーブン・オルフォード先生とご一緒に奉仕し、今回はご子息であるデービッド・オルフォード先生とご一緒できて感謝です。

歴史は確かに大事な出来事、重要な人々に焦点を当てますが、ほかの人々はどうなのでしょうか。歴史を作り上げる重要な存在として皆さんや私のような普通の人々がいます。またクリスチャンとしての歴史は、私の霊的な生活を表すものです。今日のこの記念の日に、有名な説教者、委員長だけではなく、私や皆さんがここに集っているのです。ですからケズィックの五〇年の歴史というのは、ここにいる私たち全員の歴史の旅路です。

ヨシュア記4章に書かれているのは、「すばらしい日」の出来事で、神さまに賛美がさげられた日です。この日は、イスラエルの民が、神さまが備えておられた約束の地にはじめて足を踏み入れた、すばらしい記念の日です。ですから神さまはこの日のことを記念とするように、記念碑を建てなさいと求めておられるのです。そして子どもたちがこの記念碑の意味を尋ねたときに、神さまが与えてくださった恵みを語り伝えなさいと命じておられるのです。記念日は、私たちにその日を思い出す助けになります。今日という日も神さまが私たちになしてくださった恵みを記憶する日です。

ヨシュア記の歴史的な出来事からいくつかのことを学びたいと思います。

一、原点に帰る

第一は、最初に帰るということです。3章5節をご覧ください。ヨシュアが民に言いました。「自分自身を聖別せよ。主は明日、あなたたちの中に驚くべきことを行われる」と。明日起こる奇跡のために、今日、身を聖めなければならないと言われたのです。この特別な記念日に、私たち一人一人が神の前に身を聖めるということです。最初のところに戻るということです。キリストとの関係を思い出し、もう一度新しくされるということです。

私たちは霊的な思い出、ケズィックについての証しをもっています。決心をして立ち上がったとか、前に進み出たとか、献身の思いをもったというようなことです。今日なさなければならない最も重要なことは、私も皆さん方一人一人も、神さまの前に身を聖めることです。目の前に約束された偉大な土地が広がっています。まもなくそれを手に入れるのですが、その前に私たちは神さまとの関係を新しくされなければなりません。

二、契約の更新

第二は、神さまとの契約が新しくされるしるしがあったということです。イスラエルの民が約束の地に招き入れられる前に、荒野を四〇年にわたってさ迷わなければなりませんでした。その間に彼らは、自分たちが神の民であるというしるしを失っておりました。それで彼らのうちの男子は割礼を受けたのです。これは痛みを伴います。記念すべき日に、神の民として、神との契約が新しくされるというしるしを身につけなければなりません。イエス・キリストが受洗のために水の中に立たれたとき、

「これはわたしの愛する子、わたしの心に適う者」という天からの声が聞こえてきました。これは十字架を意味します。十字架は痛みを伴います。しかしイエスさまは十字架に至るまで従順に歩まれました。最初の契約に立って歩まれたのです。

5章9節をご覧ください。「主はヨシュアに言われた。『今日、わたしはあなたたちから、エジプトでの恥辱を取り除いた』と。過去はもう過ぎ去ったと主なる神は言われたのです。

三、過ぎ越しの犠牲

第三は、過ぎ越しの犠牲がささげられたということです。10節です。その意味は、思い出すことです。記念日の意味を思い出すのです。彼らは羊の血によって守られてきたことを思い出します。過ぎ越しは、初子の命が取られるという恐るべき日でしたが、イスラエルの民は小羊の血によって守られたのです。この血によって解放されたのです。私たちも主イエス・キリストの血によって解放されたということを感謝するのです。私たちはどこに助けを求めることができるのでしょうか。それはイエス・キリストの血潮であり、この血潮の力は決して力を失うことがないのです。

過ぎ越しのことを「ユーカリスト」と英語で言うことがありますが、これは「(神さま) ありがとうございます」という意味です。

もう一度、記念の石ということに戻って考えてみましょう。まず祭司が川の中に入っていきまして、何百万人という人が川を渡る間、祭司は立っていました。彼らが川を渡り終えたあとで、12の石が集められ、記念碑が建てられました。石を立てることは旧約聖書の中でよく記録されています。ヤコブも家から逃げ出したあとで、石を枕にしてやすんだとき、神の幻を見ました。天が開かれ、はしごが見え、天使たちが登ったり降りたりしていました。次の朝、目をさました彼は、この場所はなんと恐れに満ちたところだろうか。ここは神の家であり、天に至る門だと思いました。それを記念するために彼は石を立てたのです。

また創世記35章にも忘れられない出来事が記録されています。ヤコブが神と戦ったときですけれども、その経験のあとで彼は石を立てました。35章14節です。（「ヤコブは、神が自分と語られた場所に記念碑を立てた。それは石の柱で、彼はその上にぶどう酒を注ぎかけ、また油を注いだ。」）

旧約聖書で立てられたもっとも有名な石の柱は、サムエル記上7章12節にあります。イスラエルはペリシテ人と戦っており、彼らが勝利を得たのです。そのときサウル王は石の柱を立てて記念としました。そしてそのところを「エベン・エゼル」（『今まで、主は我々を助けてくださった』と言って、それをエベン・エゼル（助けの石）と名付けた。」）と名づけました。イギリスでは、「エベン・エゼル」を教会の名前にする教会が多いのです。「今まで、主は我々を助けてくださった」という意味です。ですから私たちはこの五〇年の記念を「エベン・エゼル」と呼ぶことができるのではないでしょうか。

今朝はヨシュア記4章が中心となるのですが、子どもたちが記念の石の意味を尋ねたときに、これらは記憶する助けとなるものだと答えるのです。聖餐式も、覚えるため、記念するために定められました。

この石は何を記念するのでしょうか。

第一に、それは永続性です。神が私になさったことを永遠に記録するためです。

第二に、この柱は一致を意味します。「あなたがたは皆、キリスト・イエスにおいて一つだからです」（ガラテヤ3・28）との御言葉のように。12の石は、それぞれ非常に違うものでした。彼ら12部族は異なる地域に住みました。ヨルダン川の東側に住んだ部族もありましたが、いざというときには力を合わせて戦ったのです。教会にも違いがあります。洗礼の方法や、教会の政治にも違いがあります。しかし、「キリストにあってわたしたちは一つ」という一致のもとに、私たちは集まっているのです。

一致とは何でしょうか。

「キリストにあって一つになる」ということです。イエス・キリストを経験するという一致です。キリストのもとに来て罪を告白し、十字架がわたしのためだと聖霊が示してくださったこと、信仰と恵みのゆえにその約束を受け取ったこと、それらが私たちを一つにします。私たちはみな神の子どもであり、新しく生まれ変わった者であり、キリストのために生きている者です。それ以外に私たちを一つに結びつけるものはありません。

主よ、私を聖なる者としてください。キリストに似た者としてください、敬虔に生きる力を与えてください。この願いが私たちを一つに結びつけるのです。神の御言葉に従いながら、神の国を願い求めながら、キリストが私の主となってくださることを願う者の集まりです。

この石の柱の三つ目の意味は、証しです。石の柱は出来事を実際に自分の目で見た人々によって立てられたものです。彼らが実際に経験したものです。父親が子どもに石の柱を見せます。子どもは親に、「すごいね。これは何なの?」と尋ねます。父は子どもに言います「わたしたちの民がエジプトから、乳と蜜の流れる地へと導かれたその旅が終わり、約束された地に入ったその日に建てられた記念碑なんだ」。「お父さんはそのときにいたの? お父さんも川を渡ったの?」。「そう。お父さんが川を渡ったことを記念するものだよ」。このように石の柱の意味を語り続けなければなりません。間違ったことを語り伝えれば、その意味が忘れ去られてしまいます。

イギリスのリッチモンドに住んでおりましたときに、オールド・デュールという公園があり、二つの記念碑が建っていました。15メートルくらい離れています。この記念碑の意味は、イギリスで最後に決闘が行われたその記念だと言われています。決闘とは、早朝に公園で会い、ピストルを手にとって、背中合わせで15歩それぞれ前に進み、振り向いて発砲するのです。この記念碑は最後に決闘をした人が立っていた場所だと言われます。ところがこの話は嘘だったのです。実際は、何か科学観測所のようなものがあって、何かを計測するために建てられていたのですが、人々は事実を忘れてしまっていたのです。

　しかしヨシュア記の物語はこのように忘れられてはならないのです。この石はケズィック五〇年を表す石です。

　まず第一に、この石はこれまでケズィック・メッセージを、ホーリネスを求めた人々です。第二に、今日この石は私たちに何を語るのでしょうか。ここに集う人々が主イエス・キリストの血潮によって贖われ、解放され、一つとされて、ケズィックのメッセージに忠実であるようにと願う記念の石です。私はこれまで世界各地のケズィックで奉仕をしてきましたが、多くの地でホーリネスが語られない集会となり、ケズィックの集会ではなくなっているのです。第三に、この石は将来に向かって何を語るのでしょうか。イスラエルはまもなくエリコに向かっていきます。勝利と共に敗北もありました。多くの犠牲もありましたが、その地は彼らの土地であると宣言されたのです。今日お一人一人が、将来に向かって、御自身をささげられますように。

　私たち一人一人が、最初に申し上げたように、過去と将来を結ぶ架け橋、力となっていくことです。神の声を聞き、聖霊の力をいただいて、将来に向かう力となっていくことです。このメッセージが日本で語られるように、主の主権が一人一人のキリスト者の生活に現れるように。そのことが実際に起こるときに、今日の記念碑が偉大な日となることでしょう。主の御名によって、アーメン。

祈りましょう。

これらの石は、過去を語り、現在を語り、将来を語ります。あなたは霊的な歴史を持っておられるでしょうか。キリストがあなたにとって大切な方となったその日のことを覚えておられるでしょうか。

神さまの子どもとなった日を覚えておられるでしょうか。そして今日、キリストはあなたにとってどのような方でしょうか。今日は大切な日です。主の前に自分を聖めるものとなりましょう。

天のお父様。このメッセージはまた明日にとって必要なものです。私たちを日本の将来のためにお用いくださいますように。キリストの民として、一致し、備えられ、主の主権を告げ知らせることができますように。主の御名によってお祈りします。アーメン。

（文責・大井 満）

〈バイブル・リーディング3〉

クリスチャンと苦しみ

ロバート・エイメス

創世記37章～41章

数年前のことですが、私は友人と水上スキーをする機会がありました。友人は私にウェットスーツを貸してくれましたが、そのスーツは私の体にはあまりにも小さなものでした。友人は「大丈夫だよ、必ず着れるから」と言って、ビニール袋を取りだしました。彼は、「これをまず足にはいてからウエットスーツを着ると簡単に体がはいるから大丈夫」と言いました。

私は更衣室に行って、言われたようにビニール袋を足にはいてウェット・スーツに足を入れると、本当に簡単に足が入りました。ところが、その時、私は自分の足をスーツの足の部分ではなく腕の部分に入れていたことに気づきました。もちろん腕の部分は足の部分よりもずっと狭いので、足が動かなくなってしまいました。友人は足の入れ方は教えてくれましたが、足の出し方は教えてくれませんでした。私は自分の足をウェット・スーツから引っ張り出すために10分ぐらい格闘していました。

部屋に入ってきた人は、私が何かの発作を起こしていると思ったことでしょう。私は何とか足を引き出すことができました。その時私は、自分の姿が人生を表しているような思いがしました。順調に進んでいたはずの人生が、突然、歯車が狂うことがあるからです。

今日はヨセフの生涯を共に考えたいと思います。彼の生涯を通して、「**困難な人生をいかに前向きに生きるか**」ということを考えてみましょう。私たちは、自分の人生の中で、どのようにして積極的な生き方ができるのでしょうか。

第一に、人生が順調なときは積極的に生きることができます。ヨセフの生涯は創世記37章から始まりますが、その中に私たちが見逃しやすい非常に重要な記述があります。それは2節の「これは（〜の）歴史（英語ではaccount）である」という言葉です。この「〜の歴史（account）である」という言葉は創世記の中に一〇回出てきます。創世記自体が、この「歴史」という言葉を核にして編纂されています。天地創造の歴史、アダムの歴史、ノアの歴史、アブラハムの歴史などと書かれています。ヤコブの歴史という言葉は、ヨセフが神から特別な祝福を受けた家族に属していることを表しています。そして、その家族は神の大きな計画の中に選ばれた特別な家族でした。

今日、人々は自分の存在意義を求めています。しかし、人間にとって一番大切な必要は自分の存在意義を知ることではなく、神と正しい関係を持つことです。聖書全体を貫く大きな歴史は、罪人である私たちをどのようにして神との正しい関係に導き入れるかという歴史です。人が神との正しい関係に入ることによって、人間の歴史全体に神の計画があることを知るのです。

今日、多くの人は人間的なものを失った世界に生きています。一人の人間の価値が軽んじられている時代です。以前まだコンピューターが出始めたころ、イリノイ大学の芸術学部で、すべて学生に番号を割り当てて、名前ではなく番号で学生の管理をしようとする試みがなされました。しかし、神は、決して私たちを番号で扱うようなことはなさいません。私たち一人一人が神の大きな計画の中に組み入れられているのです。私たちは皆、名前で呼ばれるべき者です。神の前に、私たちは番号ではなく、ユニークな名前と顔を持つ人間です。

ヨセフも存在意義を持つ人間でした。神の計画に加えられていた人間です。福音は、一人一人に生きる意味を教えます。神はこの世界のすべてのものをお造りになりました。神が語られるとその言葉が実現しました。いと高き聖なる方であり、永遠の神です。そのような偉大な神が、私たち一人一人の心の外に立って、私たちの心の戸を叩いて、主のもとへと導き、また、私たちがこの世にあって神のために働くように招いておられます。

ヨセフの人生はすばらしい滑り出しでした。ただ、彼は神を信じる家庭に生まれていましたが、決してその家族は完全ではありませんでした。父親ヤコブはヨセフのために特別な服を作ってやりました。ここには、家庭生活においてとても大切なことが書かれています。創世記25章によると、ヤコブは双子の弟として生まれました。彼にはエサウという名の兄がいました。そして父イサクはエサウを愛し、母リベカはヤコブを愛しました。家庭の中の偏愛は非常に危険です。イサクもリベカも子どもを偏愛していました。そのために、この家庭には悲劇が起こり、痛みと悲しみがありました。ここに見られるのは、人間性の特質と言えるものですが、傷を受けた人は他の人を傷つけてしまいます。ヤコブは母親の偏愛を受けたのですが、その愚かさに気づくどころか、今度は自分がヨセフを偏愛しています。ヨセフが着ていた立派な長服は彼の兄たちに、「私は父の特別な息子だ」というメッセージを発していました。

ヨセフはまた、夢見る人でした。それは神からの賜物でもありました。ヨセフには数多くのすばらしい賜物が与えられていました。後に、神は彼のこの賜物を用いて、他の人が見た夢を彼に解釈させることになります。彼がエジプト王パロの夢を解き明かしたことによって、彼の家族だけでなくエジプト国民のいのちをも救うことになります。ただ、彼が自分の夢を見た時、彼はまだ17歳に過ぎず、精神的に成熟していませんでした。もし彼にもう少し分別があったら、彼は自分が見た夢について神以外の誰にも話さなかったことでしょう。

人生が順調に進んでいるとき、私たちは前向きに生きることが必要です。しかし、私たちの人生に試練が生じることも必要なことです。ヨセフの場合は、試練を通して彼の傲慢な部分が砕かれました。

悪魔は私たちを滅ぼそうとしますが、神は試練を通して私たちをキリストの姿に似た者に造り変えてくださるのです。彼は17歳の若者に過ぎませんが、後にはエジプトの宰相になり、創世記の最後の部分では、彼は救い主の雛形として描かれています。

ヨセフは人々を罪から救うことはありませんでしたが、多くの人を飢饉から救いました。神の人となるには時間が必要です。私たちの神学校に入学する学生の多くは十代後半の若者です。私は学生に言います。「四年の学びを終えるころには、君たちは多くのことを学んでいるだろう。そして、よい働き人になると信じている。なぜなら、その時になると、君たちは自分がほんのわずかのことしか知っていないことに気づくのです。私たちは、多くのことを学んだ時にはじめて自分がごくわずかのことしか知らないことを知るからだ」。学びのプロセスの中で謙遜な心が生じるのですが、このプロセスが大切です。なぜなら、このプロセスを通らなければ、誰も神に役立つ器にはなれないからです。聖書は、「神は高ぶる者に敵対し、へりくだる者に恵みを与えられる」（Iペテロ5・5）と教えています。

人生の試練を通るときには、祈る者にならなければなりません。私たちの人生はどこでどう変わるか全く分からないのです。ジェームスという21歳の青年が、一九四〇年、他の大勢の人々と一緒に船に乗って戦場に向かいました。しかし戦況は厳しく、彼は足に銃弾を受けたため、ドイツ軍に捕らえられてしまいました。彼は、父が50歳、母が40歳のときに生まれた一人息子でした。彼は戦争捕虜として五年間ドイツに留まりました。まさしく彼は、一瞬にして、暗闇に突き落とされました。実はこの青年は私の父親です。ヨセフも、私の父と同じように、人生の激変を経験しました。彼は父親に頼まれて兄たちの様子を見に行きました。ところが兄たちは、ヨセフの姿を見ると彼を殺そうと計ります。

ヨセフがやって来ると、兄たちはヨセフが着ていた長服を剥ぎ取り、彼を奴隷として売り飛ばしました。兄たちはヨセフの長服に血をつけて持って帰り、父ヤコブにヨセフが獣に殺されたと報告をしました。このような悲劇のただ中にあっても、ヨセフの存在は神の偉大な計画の中に置かれていました。彼はエジプトで、ポティファルという名のパロに仕える役人の家に売られていきました。

ポティファルの家でのヨセフの人生は、最初は順調でしたが、突然、ポティファルの妻から濡れ衣を着せられて、彼は監獄に送られてしまいました。彼は特別な監獄に入れられました。彼が監獄にいる間に、彼の人生が好転しそうな機会が巡って来ました。彼がいた監獄にパロに仕える調理官と献酌官が送られて来ました。そして二人が夢を見たときに、ヨセフはその夢の意味を正しく解き明かすことができたのです。（写真、監獄で夢解きをするヨセフ、Ivanov Alexander Andreevich, 1806～1858）

ヨセフは献酌官が釈放される時に、「パロに私のことを話してください」と頼みました。ところがこの献酌官はヨセフのことを忘れてしまいます。このような人生を生きると、「神は自分のことを忘れてしまった」と考えたとしても不思議ではありません。ところが創世記39章には同じ言葉が四回繰り返して、「主がヨセフと共におられた」と述べられています。

人生が非常に厳しいとき、私たちは敗北者として生きることも、勝利者として生きることもできますが、その違いはどこから来るのでしょうか。ヨセフの生涯の秘訣は「主が共におられた」ということでした。私たちの神の名前はインマヌエルです。ヨセフは、自分を主イエスの愛から引き離すものは何もないことを知っていました。人生の試練に襲われるとき、私たちは常に神に祈る者でなければなりません。苦々しい思いや不信仰に流されずに、試練の中でも働いてくださる神が自分の味方であることを忘れてはなりません。ローマ書8章28節には、「神を愛する人々、すなわち、神のご計画に従って召された人々のためには、神がすべてのことを働かせて益としてくださる」と約束されています。創世記45章に記されているヨセフの言葉を見てみましょう。5節、「神はいのちを救うために、あなたがたより先に、私を遣わしてくださったのです」。7節、「それで神は私をあなたがたより先にお遣わしになりました」。8節、「だから、今、私をここに遣わしたのは、あなたがたではなく、実に、神なのです」。　彼は最初から神の計画を理解していたのではありません。人生の途中でヨセフは挫折を経験し、何度も落胆したことでしょう。しかし最後には、神はヨセフを用いてイスラエルの民を救われたのです。

創世記41章1節にはこう書かれています。「それから二年の後、パロは夢を見た。」覚えていてください。あなたのために神が時を備えておられます。良いときには前向きに生きなさい。悪いときには絶えず祈りなさい。神がいつも共におられますから。そして、三番目に、最善の時を忍耐をもって待ち望みなさい。ヨセフにとって、この二年は永遠のように長い時間だったでしょう。しかし突然、その時がやって来ました。そしてヨセフはすぐに監獄から釈放されて、パロの前に引き出されました。

ヨセフは穴から助け出されました。そして監獄からも救い出されました。そして、今、彼はエジプト王の宮殿にいました。彼の人生には一つのパターンがあり、それこそが、クリスチャン信仰に関する中心的な教えです。ヨセフは救い主を示す型でした。彼は父親の寵愛を受けるという高い地位から下がりました。そして監獄の中に突き落とされました。しかし、今、彼はパロの王座に並ぶ者へと引き上げられました。彼の人生は、これよりもはるかに素晴らしい神の働きを映し出す鏡だと言えます。

神の独り子が天の御座から降りて、この世の底にまで降ってくださり、最後には十字架の刑罰まで受けてくださいました。しかし、今は高く上げられて父なる神の右の座についておられます。私たちがクリスチャンになる時、神の約束を受け継ぐ相続人になります。ローマ書8章17節には、私たちが、「キリストとの共同相続人」だと書かれています。

神の時が必ず来ます。あなたは今、地獄のような試練を経験しておられるかも知れません。しかし神のタイミングにおいて、それらはすべて消え去ります。やがて雲はすべて消え去り、輝く太陽が現れるのです。そして私たちは、究極的には永遠の世界に向かって進んでいます。そこは悲しみも罪もない世界です。神の恵みのゆえに、私たちは父なる神の宮殿に迎え入れられて、王なる方と永遠に生きる者となります。神はしばしば、私たちが自分をつぶしてしまうと感じるような事柄を用いて、私たちをキリストの姿に作り上げてくださいます。そして、ヨセフのように、私たちを他の人々に祝福をもたらす器としてくださるのです。

水上スキーで大切なことは、ロープについているハンドルをしっかり握っていることです。水上スキーは自分の力で前に進むことはできません。大きなモーターボートの力を借りて前進します。ハンドルとロープで自分の体はモーターボートにつながれているので、しっかりハンドルを握りさえすれば、体が自然と浮き上がって、水面の上をすべることができるのです。信仰とは、神につながれて生きるということです。イギリスの古い賛美歌に次のような歌があります。「日々、ただ主に信頼して、嵐の中でも、小さな信仰でも、イエスを信頼せよ。それがすべてだ」。私たちが主イエスを信頼する時、それがすべてであり、またそれだけで十分なのです。人生が厳しい時に、私たちはどのようにして前向きに生きることができるでしょうか。順調な時は前向きに生きなさい。逆境の時は絶えず祈りなさい。そして忍耐をもって最善の時を待ちなさい。やがて、私たちは王なる方と出会うことになります。

（文責・小西 直也）

〈聖会1〉

私たちの本当の必要に答えてくださるイエス・キリスト

デビッド・オルフォード

ヘブル2・9〜18

イエスさまは私たちの必要に本当に答えてくださいます。私たちは危機的な世界に生きています。世界中で混乱が起きています。ニュージランドで今日、地震があったということでした。多くの方々が亡くなられたと思います。チリにおいても、ハイチでも大地震がありました。そのような危機が起こった時に、多くの助けを求める声が上がります。多くの必要があります。しかし、そのような叫びが届かない。また援助物資は送られるのですが、なかなか現地に届かないということもあります。そこに、さまざまな障害があるのです。

フランクリン・グラハム師がこんな話をしておられました。ビリー・グラハム伝道協会は、「サマリタンズ・パース」という救援物資を届ける組織を持っています。グラハム師が地震の後、ハイチの上空を視察して、ハイチの空港の上空に来た時、そこに多くの援助物資の入った「サマリタンズ・パース」

のコンテナが置き去りにされていたそうです。それを必要としている人々がいます。しかし、ハイチの複雑な状況のためにそこに届かないで空港に留まっているのです。そこには必要があり、助けは近くまでは届いているのですが、道が悪かったり、連絡が行かなかったりして、本当に必要としている所まで届いていないのです。

しかしイエスさまは、私たちの必要に応えるために、さまざまな障害を乗り越えて、この地上に来てくださいました。私たちが必要としている、その必要に応えるために、イエス・キリストは本当に人になってくださったのです。ハレルヤ！

一、死の恐怖から解放するために来られたイエス

「確かに、彼は天使たちを助けることはしないで、アブラハムの子孫を助けられた」（16節）。もしあなたが天使でしたら、このメッセージはあなたのためのものではありません。もしあなたが、私と同じ人であれば、このメッセージはあなたのためのものです。イエス・キリストは私たちの必要に応えてくださいます。私たちは堕落した世界に生きています。「すべての人は罪を犯したため、神の栄光を受けられなくなっている」（ローマ3・23）と聖書は述べています。私たちはイエス・キリストに来なければ、神につながることはできません。私たちは神のすばらしい被造物として造られたのに、キリストの外側にいたとしたら、私たちは神と共にいることができません。しかしイエスは、私たちと共

にいるためにこの世にきてくださいました。

　このヘブル人への手紙の読者たちは信仰のゆえに迫害に遭っていました。また彼らをイエスから引き離そうとする誘惑、イエス・キリスト以外のものに頼らせようとする誘惑がありました。そのような読者に著者は、「イエスさまにしっかり留まるように」と勧めています。イエスさまに忠実であるように。そのためにイエスさまが何をしてくださったかを語るのです。御子によって、もろもろの世界が造られました。

　著者は、「この世界が神の言葉で造られ」（ヘブル11・3）、神の言葉によって今もこの世界は支えられているのに、なぜこの神の子であるお方が身を低くして、「御使たちよりも低い」（2・7）身分に自らを置き、人間にならなければならなかったのでしょうか、と問います。それは、主イエスが、私たちを助けるお方・救い主、私たちを聖めるお方となり、私たちのすべての必要を満たすためです。そのために主は、自ら進んで御自分を低くして、私たちの世界に来てくださいました。

　神は御計画を持っておられました。その計画とは、私たちを天にまで引き上げることです。2章10節をごらんください。神は、私たちを救い、聖めて天国にまで連れ行こうとされたのです。そのためには、神が人となり、その人となられた神の御子が苦しまなければなりませんでした。それによって、私たちが神の栄光を知るためです。

イングランドにいた私の友人が何週間か前に亡くなりました。彼は脳腫瘍を患っていました。最後の一年は厳しい年でした。しかし、彼は主との間に平和を持っていました。主は常に彼の傍にあって彼を支え、励ましてくださいました。私たちは神を崇めています。そこには確かに別離の悲しみがありました。しかし「死」は私たちに勝利しないのです。私たちはやがて主にお会いするという希望を持って生きることができるのです。

パウロは言います。「感謝すべきことには、神はわたしたちの主イエス・キリストによって、わたしたちに勝利を賜わったのである」（Iコリント15・57）と。さらに、「だから、愛する兄弟たちよ。堅く立って動かされず、いつも全力を注いで主のわざに励みなさい。主にあっては、あなたがたの労苦がむだになることはないと、あなたがたは知っているからである」（同58節）と。

パウロは、イエスは私たちを「恐れから解放される」と述べています。「死の恐怖のために一生涯、奴隷となっていた者たちを、解き放つためである」（ヘブル2・15）と。皆さん、知ってください。サタンは、私たちを「恐れ」させます。多くの人たちにとって、最終的な恐れは「死」です。もちろん、他の恐れもあるでしょう。そしてサタンは恐れをもって私たちを奴隷にするのです。しかし、私たちをその恐れから解放するために、イエスは来てくださいました。しかし、それはイエスが人となり、私たちの身代りになって死んでくださることによってのみ起ったのです。

このヘブル人への手紙が書かれた時代のことを考えてみたいと思います。この手紙の著者は、イエスが来てくださったことによって死に勝利してくださったのだと述べています。それは、主が私たちと同じ兄弟になるためです。イエスを通して私たちも死を乗り越えて永遠の命にあずかることができるのです。

イエスに取り扱っていただかなければならない「恐れ」はないでしょうか。イエスはすべての必要を満たしてくださいます。私たちを解放してくださいます。このイエスは本当に私たちを自由にしてくださるのです。私たちはもうサタンを恐れる必要はありません。サタンはすでに打ち破られているのです。そして私たちは、このイエスにある自由を知ります。イエス・キリストは、死の恐れに捕らわれている私たちのために来てくださったのです。

二、罪の赦しを与えるために来られたイエス

私たちがこのケズィックに集まり、主の御前に出て、自らの心を開き、主に心を探っていただいて、「神さま、私の生涯の中で、主のお心を喜ばせしないものはないでしょうか。正しくないものはないでしょうか」と聖書を開きながら点検するのです。「私たちの中に、誇り、高ぶりはないでしょうか。誰かをうらやむ心や、何かを異常に欲しがる心はないでしょうか。また誰かに対していやな言葉を出したことはなかったでしょうか。私たちの歩みの中に不潔なものはないでしょうか」。

もしそういう思いがあるなら、こう祈りましょう。「神さま、私たちの心をあなたの前に開きます。そういうものが私たちの内にありましたら、教えてください。私たちは聖さの中を歩みたいのです。私たちの心の中に、あなたを喜ばせないようなものがないように願っています。しかし主よ、私たちは知っています。あなたは私たちがそれを告白し、あなたに信頼するならば、あなたがしてくださった御業によって、あなたは私たちを赦してくださることを。そのことのゆえに、あなたに感謝します。それによって私たちとあなたとの関係が正しいものとなったと知るからです」と。

詩篇32篇を開いてください。「そのとががゆるされ、その罪がおおい消される者はさいわいである。主によって不義を負わされず、その霊に偽りのない人はさいわいである。……わたしは自分の罪をあなたに知らせ、自分の不義を隠さなかった。わたしは言った、『わたしのとがを主に告白しよう』と。その時あなたはわたしの犯した罪をゆるされた」（1～5節）。

ここには「さいわいである」とあります。イエスさまがなしてくださった御業によってそのことは本当に可能となりました。私たちは偉大な救い主イエスを見たいと思います。このお方は私たちの罪を赦してくださるお方です。もし私たちの内に罪の問題があるなら、このケズィックできちんと扱っていただきましょう。

私はガーナで何回もご奉仕をさせていただきましたが、その海岸部には多くの立派な建物が建っています。それは大きな砦なのですが、彼らはそれを「お城」と呼んでいます。それらの建物は非常にきれいな材料で造られています。その建物は何百年前には実際に用いられました。金や貴金属がたくさん産出され、奴隷の売買もなされたからです。かつてその砦の中には、大勢の奴隷が閉じ込められていました。そこは大きな悲しみの場所でした。今もそこに一枚のプレートがはめてあります。「ここで起ったことを私たちは忘れてはならない。それが二度と起こってはならないから」と。

私たちの過去の罪は私たちのうちにその痕跡を残します。私たちは罪を犯した自分の過去から学ばなければなりません。けれども、同時に過去に生き続けてはなりません。主イエスは、私たちを自由にするために来てくださいました。私たちが「赦し」を、「聖め」を知るためです。そこから解放され、それによって神との正しい関係に入るためです。そのお方こそ、私たちの偉大な救い主であります。

三、試練の中にある者を助けるために来られたイエス

「主ご自身、試練を受けて苦しまれたからこそ、試練の中にある者たちを助けることができるのである」(ヘブル2・18)。イエスはこの世にきてくださいました。罪は犯されませんでしたが、私たちの問題を経験されました。あなたは、自分のことは誰も分かってくれない、と思われるかもしれません。皆さんがどんなプレッシャーの中にあるかは、誰にも理解できません。あなたの葛藤は誰にも理解できないかもしれません。またあなたも、それを誰にも話せないかもしれません。それによって自分が

弱い者だと思われたくないからです。そしてあなたは独りぼっちだと感じる……。しかし、私たちには恵み深い救い主がおられます。私たちの弱さを知っていて、その恵みの御座に招いてくださるお方、私たちの必要な時にその必要を満たしてくださるお方。それは単に赦しだけではなく、「自由」が与えられるという恵みです。私たちはその中で力を与えられて、試練に打ち勝っていくことができるのです。私たちは日々、キリストと同じような者に造られていくのです。私たちは聖い生活を送ることができます。そこにはイエス・キリストの赦しが備えられ、恵みと憐れみ、また力があるからです。だからこそイエスは、私たちのために苦しんでくださいました。このお方は、「試練の中にある者たちを助けることができる」のです。試練は私たちの歩みの中の現実です。私たちはその影響を受けそうになるかもしれません。否、受けていると感じておられるかもしれません。しかし主は、私たちがその試練に抵抗し、勝利していくために来てくださいました。

イエスはこの世に来てくださいました。これら三つの助けを与えるためです。罪の結果としての死を打ち破り、私たちを恐れから解放するため、私たちに罪の赦しを与えるため、私たちのことを分かってくださる大祭司となって、私たちが御前において力強い歩みができるように助けるためです。私たちはそのようにして神の栄光に導かれます。

あなたは本当に感謝していますか？　イエスがあなたのためにしてくださったこと、そしてイエス御自身をお祝いしませんか！

「神さま、助けてください！」と求めましょう。神さまはすべての必要を満たしてくださいます。あなたは内に罪の問題を抱えておられるかもしれません。その罪の中を歩み続けないでください。神の前に正直になって出ましょう。その罪を告白することによって、神に赦しをいただきましょう。あなたは何度も破れているかもしれません。大きな問題を抱えておられるかもしれません。しかし私たちは自由にされるのです。私たちに自由を与えるお方としてイエスが来てくださったからです。

私たちはすべての必要をイエスの中に見いだします。このお方こそが、私たちのすべての必要に応えることのできる救い主です。そのために御自分を御使いよりも低い者にして、私たちと同じ苦しみを味わうために私たちと同じ肉体をとってくださいました。それは、私たちがイエスにつながり、救いを経験するため、私たちが聖められ、栄光にあずかるためなのです。アーメン。

（文責・錦織 寛）

〈聖会２〉

ケズイックがめざすホーリネスを

村上宣道

詩篇51・10〜17

第一回目から、ケズイックの恵みにあずかることが許されて、第五〇回というこの記念すべきスペシャルな時、皆さんとご一緒に、ここまでお導きくださった主を崇め、次への展望を期待しつつ、この時ならではの恵みに浴する機会が与えられているとは、なんという特権でありましょうか。

ケズイックの恵みの特徴の一つは、「聖なる生活の在り方を追求する」点にあると思います。今、拝読されました詩篇51篇から、「ケズイックがめざすホーリネスを」というタイトルで御言葉に聞きたいと導かれております。ここでいうホーリネスとは、どこかの教派が強調するような教理を指すものではなく、ケズィックがめざしている、聖書的、実際的、そして個人的あるいは人格的なホーリネスをここに学ぶということであります。

さてこの詩篇51篇は、悔い改めの詩として知られているだけでなく、聖さへの切望がうたわれている詩篇です。ここには四つの可能性といったものを見ることができると思うのです。

一、危険への傾向性

まず第一は、可能性ということです。これは傾向性といった方がいいのかも知れませんし、むしろ危険性というべきなのかもしれません。それはこの詩篇の表題に、「ダビデがバテセバに通った後、預言者ナタンがきたときによんだもの」とありますように、ダビデの大きな失敗という事実の背景から、もしかしたら、どんな人でも失敗するかも知れない危険性、あるいはその可能性ということを、この詩篇はわたしたちに告げているということです。

ダビデという人物は、いわゆる危なっかしいという人ではありませんでした。彼は王となるべく選ばれた時、はじめ自分はその数の中にも入っていなかった者であることを知っていました。サウル王に命を狙われて追いまわされているうちに、サウルの命を奪うチャンスにめぐりあっても、サウルを討つことをしませんでした。洞穴の中でサウルの衣の裾を切ったというだけでも、「心の責めを感じた」（Ｉサムエル記24・5）と記されているほど繊細な神経の持ち主で、神を畏れる人だったことがうかがえます。しかし、そんなダビデともあろう人がまさかというような大きな失敗をしてしまったのですが、その事実を聖書は隠していません。

申し上げたいことは、ダビデのような人でも失敗するのだから、失敗しても仕方がないというようなことではなく、「わたしに限って」とか「わたしは絶対に」とかいうのはきわめて危険であるということです。「立っていると思う者は、倒れないように気をつけなさい」（Iコリント10・12）とありますように、人間は弱いものとの自覚と認識はそうしたことから守られるためにも必要なことではないかということです。

こんな話があります。生まれたばかりの赤ちゃんの虎を、ある人が自分の家で飼ったというのです。食べ物も生の肉とかは一切与えず、ご飯に味噌汁をかけてとか、かつぶしをかけてとかというようにして育てた。ですから、からだは大きくなっても、家の中ではまるで猫が大きくなったように、家の人にはすっかり馴れて、虎とは思えないように育っていったそうです。

ある日、縁側で主人が日向ぼっこをしながらうつらうつらしていたところ、虎も横に寝そべって、甘えるように主人の手の甲をぺろりぺろりと舐めていました。そのうち手の甲の皮がうっすらとはがれてきて、血が滲んできたのです。すると虎は、今まで一度も味わったことのない生の血を舌で味わったので、本来生の血と肉を好む本性が目覚めて、「うおっ」とばかりにその主人に噛みついたというのです。

ある程度、環境や飼育の仕方で変わることはあったとしても、本質までもが変わるわけではありません。ダビデも、「見よ、わたしは不義のなかに生まれました。わたしの母は罪のうちにわたしをみごもりました」（5節）と言っていますように、もともと私たちは罪の性質をもって生まれてきているのですから、ある状況におかれる時、それがとんでもない形で表れてくる危険性、その可能性はあり得るということなのです。ですからダビデはその自覚の中で、「わたしの不義をことごとく洗い去り、わたしの罪からわたしを清めてください」（2節）と切願したのでした。

二、赦され、聖められる可能性

そして私たちがこの詩篇で学ぶことの出来る第二の可能性は、幸いなことに、どんな失敗、過ちであっても、赦され、聖《きよ》められる可能性があるということです。

ここで知るべき大切なことは、人が究極的に神の前に立てるか否かは、決して罪や失敗の大きさや内容によるものではないということです。肝要なことは、そのあと、神の前にどういう出方をしたか、どのように取り扱われたかによるのです。そのことを対照的な二組の人物で考えてみましょう。

一組はダビデとサウルの場合です。いずれも失敗をしましたが、結果的に見るとダビデは赦され、サウルは棄てられてしまいました。それはダビデの罪は軽くて、サウルの罪が大きく重かったからでしょうか。そうではなさそうです。では何が違ったのでしょうか。それは失敗したあとの悔い改めの違い、砕かれ方の違いです。

サウルは過ちを指摘されても自分のしたことを正当化しようとし、自分の面子にこだわり、へりくだって悔い改めることをしませんでした。一方ダビデはすぐさま自分の罪を認め、神が最も喜ばれる、

「神の受けられるいけにえは砕けた魂です。神よ、あなたは砕けた悔いた心をかろしめられません」(17節)として、徹底的に砕かれた心をもって悔い改めたのでした。明暗を分けたのはこの点だったということを私たちは覚えなければなりません。

もう一組の人物はペテロとユダです。いずれもキリストを裏切りました。しかしペテロは赦されて、後には教会の指導者にまでなったのですが、ユダは自らの命を断ったのでした。どこに違いがあったのでしょうか。ユダの罪は赦されないほど重く、ペテロの裏切りはそれほどでもなかったからと言えるでしょうか。決してそうではないはずです。

(写真、ペテロの逆さ十字架刑、Michelangelo Merisi da Caravaggio, 1571～1610. The Crucifixion of Saint Peter)

その違いは、どんな過ち、裏切りであったとしても、十字架のゆえに赦してくださると信じるか否かによるということなのです。いくらキリストが愛でも、この裏切りが赦されるはずはないと思い込み、その赦しの愛を信じることができなかったユダ。いまさらどの顔して赦してくださいと言えるかと思ったに違いないのですが、それでもなお、あの十字架はこの私の裏切りの罪のためにこそあったとペテロは信じたのでした。

その罪がどれほど大きく重くても、砕かれた心をもって真実に悔い改め、そのために流されたキリストの血による赦しを信ずるなら、赦されない、聖められない罪、過ちなどは一つもないというこの恵み。それは、私たちに与えられている驚くべき恵みの可能性なのです。

3　継続する恵み

ここにはさらにすばらしい第三の可能性を見いだすことができます。それは、聖められた恵みは一過性的なものではなく、ずーっと継続する恵みの生活が可能であるということです。10節から12節を見ますと、「霊」という語が三回でてまいります。そして12節には、「自由の霊をもって、わたしをささえてください」（口語訳）とあります。この「ささえて」という言葉は、かつてイスラエルがアマレクと戦ったとき、モーセの祈りの手が垂れないように、アロンとホルがモーセの手を「ささえた」と記されている言葉と同じです。つまりモーセの祈りの手がささえられている限り連戦連勝であったように、御霊によってささえられているならば、罪に勝利し続け、聖なる生活を持続することができるということなのです。

10節は新改訳には、「ゆるがない霊」となっています。英語ではconstantly spiritと訳されています。まわりの情況にふりまわされることのない、コンスタントな勝利の生活は、「ゆるがない霊」に満たされることによって可能であるということなのです。皆さんが求めていらっしゃるのもこの可能性なのではないでしょうか。

11節には、「あなたの聖なる霊をわたしから取らないでください」と祈っています。聖い生活を保たせていただく秘訣は、「聖なる霊」の御支配のもとで歩むことであることをダビデは知っていたからでありましょう。

12節には、「自由の霊」という表現があります。そこには三つの意味が含まれていると考えられます。一つには、ローマ8章2節に、「いのちの御霊の法則は、罪と死との法則からあなたを解放した」とありますが、まるで強力なエンジンのパワーによって万有引力の法則を破って大気圏にまで飛ぶように、御霊の強力な力によって、私たちを縛っていた罪と死の支配から自由になるということであります。ダビデは一時、肉欲の奴隷になってしまいましたが、それからの自由を切に願ったにちがいありません。

次に、コリント第二、3章17節をお開きください。そこに「主の霊のあるところには自由がある」と記されていますが、その自由とはへだてなき神との交わりの自由を指しています。それが「自由の霊」に含まれる二つ目の意味です。この神とのへだてなき交わりは、聖められ、御霊の御支配のもとで生きることによって与えられる大きな祝福の一つなのです。そして三つ目は奉仕における自由ということです。新改訳聖書には、この「自由の霊」は「喜んで仕える霊」と訳されていますが、御霊はわたしたちを、喜んで主に仕えるようにしてくださるお方だということでありましょう。

義理で、いやいやながら、仕方なくというのではなく、喜んで、いそいそと主に仕える。それは御霊の御支配のもとで生きるとき、可能になります。

あるレストランで、お客を迎えるときも、注文を受けるときも、会計をするときも、その度に、「よろこんで!」と言ってました。それは商売のためでしょうが、私たちは恵みに感じ、心から「喜んで」主に、また互いに仕え合っていきたいものです。それをさせてくださるのが御霊さまでいらっしゃるわけです。

四、主の証し人として用いられる

13節以下を見ますと、そこには第四の可能性として、どんな人でも聖められ、御霊に満たされるならば、主の証し人として用いられるようになるのがわかります。「そうすればわたしは、とがを犯した者にあなたの道を教え、罪びとはあなたに帰ってくるでしょう」(13節)とあり、そして「わたしの舌は声高らかにあなたの義を歌うでしょう」(14節)、さらに「わたしの口はあなたの誉れをあらわすでしょう」(15節)と続きます。つまり、罪赦され、聖められ、御霊に満たされるならば、自ずと主を証しし、主を賛美し、結果的に罪びとが帰ってくるという伝道の実が見られるようになるというのです。

新改訳聖書には、「そうすれば」という接続詞が四回くりかえされていますが、伝道とその結実は、いわゆるテクニックや単なる研修などの結果というよりも、私たちがまず霊的に整えられることなのではないでしょうか。結果は後からついてくるにちがいありません。聖書には「そうすれば」とあることを信じましょう。

私たちはみな失敗するかもしれない可能性を持った弱い人間であります。でも、それをはるかに越える恵みの、祝福の可能性が与えられていると聖書は教えているのです。それをこの記念すべき時から、自分自身に、可能にさせていただこうではありませんか。それはケズィックがめざすホーリネスであるからです。

〈聖会3〉

本物の力ある献身

デビッド・オルフォード

ローマ11・33～12・2

昨日、母が証しをしましたとき、ローマ12章1、2節を引用したことを覚えておられるでしょうか。その個所からお話ししたいと思っております。十年前に、父がこの同じ個所から説教しているのをDVDで見つけました。その父にも敬意を表しつつ、お話ししたいと思っております。

この個所は、私たちに新たな献身を迫るメッセージです。前五二〇年に、預言者ハガイは、神からのメッセージを語るようにと命じられました。それは民が、命じられた仕事を途中で放棄してしまっていたからです。多くの民がイスラエルに帰ってきました。そして神殿が再建されなければなりませんでした。しかし、人々は他の仕事にかまけてしまっていたのです。その中で、預言者は神の言葉を伝えました。まず神を第一にせよ、神殿建設を再開しなさい、と語ったのです。

キリストは神の教会を建てておられます。私たちは、その業に参加する特権を与えられています。

しかしそのために私たちは、自らを主に聖別してささげなければなりません。そのことによって、神の業に参与できるのです。あなたも私もこの山を降りていくと、多くの業をしなければなりません。責任があり、プレッシャーがあります。時間もとられることでしょう。でも、今日すべてを神におささげしたいのです。

時に、私たちは間違ったささげ方をします。そして自分のため、快楽のため、評判のためにだけ生きるのです。でもそれは神の喜ばれることではありません。ですから私たちはもう一度、聖書的な召命の声を聞かせていただきたいのです。まっすぐな召命です。このところを一句一句見ていきましょう。

これは、本物の召命です。12章1節をご覧ください。「兄弟たちよ。そういうわけで、神のあわれみによってあなたがたに勧める。あなたがたのからだを、神に喜ばれる、生きた、聖なる供え物としてささげなさい。それが、あなたがたのなすべき霊的な礼拝である」。

これは、勧告であり、神さまが願っておられることです。重要な勧めですから、注目しなければなりません。広告や宣伝の電話なら、聞き流していいかもしれませんが、この場合、耳を傾けて聞く必要があります。聖霊がパウロを通して語っておられるのです。

この召命が、福音の使命に根ざしていることに注目してください。パウロはこの力強い手紙を書き送っています。彼はローマに行き、福音を宣べ伝えたいと願っています。でも、もう一つの目的もあったのです。ローマの教会の人々によって自分をスペインに送り出してもらいたいと願っていたのです。これは、まさに宣教師の手紙です。ここで彼は、自分の信じている福音を語っています。

これが私であり、私の信じていることですと。「わたしは福音を恥としない。それは、ユダヤ人をはじめ、ギリシヤ人にも、すべて信じる者に、救を得させる神の力である」（1・16）。このように、彼は最初の1章から11章で、神の福音を語るのです。彼は多くの議論をしています。これは救いの福音だ。イエス・キリストの死によって、罪の赦しを得るのだ。それだけでなく、これは私たちの生き方を変えていく福音だ。キリストに結びつけられるからだ。聖霊が私たちのうちに住んでくださる。これらすべてにおいて神は正しいお方だ。なんとすばらしい福音であろうかと。

第二に、この召命は、神の憐れみに根ざしています。「神のあわれみによって勧める」と言われています。この憐れみこそが、私たちを取り扱ってくださる神のなさり方なのです。私たちは、本当なら罪の罰を受けなくてはならなかったのに、受けなくてもよくなったのです。この聖霊による召命は、神から功績を得ようというものではありません。憐れみによって召してくださるのです。神への感謝の供え物として、私たちをささげるのです。

第三に、この召命は、クリスチャンの責任です。なぜそう言えるのでしょうか。次の三章にわたってパウロは、非常に細かい具体的な指示をしているからです。教会での生活について、他の人々にどういう態度を示すかということについて、政府にどのようにかかわるかについて、クリスチャンの間に論争が起こった場合について述べていき、私たちが、主にあって一つであると結んでいます。でもこれらすべてに先立って、この献身があることを述べているのです。結婚にあたって妻エレンは、私の手とか、時間とかではなく、私のすべてを必要とし、私も彼女の全部を必要としたのです。まさに全的な献身でした。パウロがここで勧めているのも、そのような献身なのです。

私たちはこの1節で、個人的な献身に招かれています。パウロはここで、犠牲とかささげものと言っています。これは一世紀の世界では、ユダヤにおいてもローマにおいても、普通に見られるものでした。それは、完全にささげ切られるものでした。取り戻すことはできないのです。ここに「からだを」と言われています。からだ全体を、個人的に、具体的に、完全に祭壇の上にささげなさいというのです。ビジネスの世界では、報告のとき、円グラフが用いられます。ある人にとって、生涯の一番多くのパーセントは、仕事になります。次に、家族そして趣味などがつづきます。そして教会が来るのです。そして、小さな部分に神と書くのです。ほとんどの部分、神なしに生きているのです。神を知らない人々と、あまり変わりがないのです。パウロは、神さまが私たちの生涯のすべての部分を占めるべきだと言っているのです。仕事も、家庭生活も、教会生活も、友人関係も、すべて神にささげられるべきなのです。

アフリカに遣わされたディヴィド・リビングストン宣教師（次頁写真、David Livingstone, 1813～1873）が亡くなる一年前の日記にこう書かれていました。「私の王、私の命、私のすべてなるイエスさま、私

はもう一度、私のすべてをあなたにささげます。私の恵み深い父よ。私を受け入れてください。この一年で、私の生涯は終わるかもしれません」。時間についてもそうです。日曜日だけではない、月曜も火曜も、一週間すべてが神のものなのです。私たちの活動も、すべてが神にささげられるのです。

このささげものには、必要なものがあるとパウロは述べています。生きた、聖なる、神に喜ばれるものだと言っているのです。「生きた」とは、毎日の具体的な生活ということです。それだけではありません。ローマ6章によりますと、私たちはキリストに結び合わされるのです。その死と復活に結ばれるのだ、私たちはキリストのからだなのだと言われています。イエス・キリストのうちに生きているのです。「聖なる」とありますが、すべてのささげものは、聖別されなければなりません。聖なる生活が意味されているのです。私の父は、ホーリネスをこのように語っていました。「これは、神の賜物である。私たちはキリストにあって聖なる者とされるのである。これは、キリストが与えてくださる立場である。私たちは罪が赦され、キリストの義が私たちに与えられるのである。同時に、ホーリネスは成長である。私たちは、聖さに毎日成長しつづける。私たちにはゴールがある。それは、キリストのような者になることである」と。

また、「神に喜ばれる」ささげものと言われています。これは一番大切です。私たちの歩みにとって大きなチャレンジです。私たちは人間関係において、仕事において、さまざまな活動において、神に喜ばれる生活をしているでしょうか。神さまを尊んでいるでしょうか。神さまに栄光を帰しているでしょうか。

これこそが、パウロの考えていた献身でした。アメリカにダラス・ウィラードという人がいますが、彼はキリスト者の成長に関心と重荷を持っていました。自分をクリスチャンと呼びながら、世の人と変わらない生活をしている人が大勢いるからです。店に行って、パンか何かを買い、レジに持って行きます。その商品には新しい持ち主ができたのです。しかし、その商品自体には何の変化もありません。でも、キリスト者になると、そういうわけにはいかないのです。私たちがキリスト・イエスの血潮によって買い取られたとき、神のものとされたとき、神の命が与えられ、聖霊によって、私たちの生活はまったく変えられるのです。キリストにあって聖い生活を送ることができるように、神に喜ばれる歩みができるようにされるのです。一変してしまうのです。

これこそが、パウロの言う召命なのです。「なすべき礼拝」と彼は言っています。神がしてくださったことへの真の応答です。賛美するとき、献金するとき、奉仕をするとき、その土台にこのような献身があるのです。この礼拝は、神殿とか、寺院とか、建物とか、施設とかを必要としません。

パウロは世界中で、このように自らを神にささげる礼拝が行われるビジョンを持っていたのです。

神はこのような礼拝に値するお方です。そしてこのことは、キリストを通して実現されるのです。

個人的な献身は、次の2節と結びついています。「この世と妥協してはならない。むしろ、心を新たにすることによって、造りかえられなさい」。徹底的な姿変わりに召されているのです。ここで使われている言葉は、メタモルフォーシスですが、変貌山での変化の個所でも使われています。芋虫が蝶々になるような変化です。古い家を買って、手を入れ、一新させてしまうようなものです。それこそ、神が私たちの生涯にしてくださることです。私たちを買い取り、生涯の中に入り、壊れたものを取り除け、修繕し、さらに美しいものに、キリストに似たものに造り変えてくださるのです。

その姿変わりのプロセスについてお話したいと思います。「この世と妥協してはならない」と言われています。この世によって形造られてはならない、ということです。この世のパターンというものがあります。人々は神さまと何の関係も持たない思考で生きています。拒否すべき、罪深い多くの事柄があります。キリストの外にある人々と同じような考え方をしてはなりません。私たちの場合、キリストに満たされていなければならないのです。すべてを神さまの視点から見るのです。

父が一九五九年にニューヨークのカルバリー・バプテスト教会に赴任したとき、ある人種は、会員として受け入れることを拒否するという慣行があることを見いだし、心を痛め、自らを神にささげて祈り、それに反対する説教をしました。そして、すばらしい姿変わりがその教会に起こりました。どこからこの人種差別は起こったのでしょうか。イエス・キリストからではなく、この世の文化から出たことでした。神の言葉によって導かれるようにならなければなりません。「この世と妥協してはならない」のです。

次に、「心を新たにすることによって、造りかえられ」なければなりません。これは、まさに神が私たちの内側にしてくださることです。生涯の毎日毎日に起こってくるのです。どのように一新されるのでしょうか。上にあるものを求めることが第一です。心をキリストに向けるのです。そして、神の御言葉に従うのです。聞くだけではなりません。同時に聖霊に自らをゆだねていくのです。生涯の中に聖霊がその御業をなし続けてくださるように。コリント第二、3章17節、18節のようにです。「主は霊である。そして、主の霊のあるところには、自由がある。わたしたちはみな、顔おおいなしに、主の栄光を鏡に映すように見つつ、栄光から栄光へと、主と同じ姿に変えられていく。これは霊なる主の働きによるのである」。

時には、その変化が突如として起こります。私たちをしばるものから、瞬時に解放されることもあります。神にはその力があります。聖霊はそのことをしてくださいます。しかし、多くの場合は、その変化は徐々に行われます。親として子どもの成長についてそのことを思わされます。毎日少しずつ変わっていくのです。でも、いつしか驚くべき変化となるのです。毎日聖書を読み、お祈りをし、継続的に教会に出席していくことが大事です。私たちは霊的に訓練を重ねていかなければなりません。より健康的な状態に変わっていくためです。

何のためでしょうか。そのことによって、何が起こるのでしょうか。「何が神の御旨であるか、何が善であって、神に喜ばれ、かつ全きことであるかを、わきまえ知る」ためです。神は私たちの思いを新しくしようとしておられます。私たちの全き献身によってそのことをなそうとしておられます。もっと深く御旨を知り、それに従っていくためです。ときに苦しみ、困難を伴うかもしれません。しかし、御旨はいつも良いもの、正しいもの、完全なものです。いつも御旨の真ん中にいたいものです。神は私たちにとってのベストをごぞんじです。

父の話で締めくくりたいと思います。父はアフリカで育ちました。祖父はイギリスからの宣教師だったのです。三五年間アンゴラで奉仕しました。一七歳のとき、教育のため英国に戻り、エンジニアリングを学びました。霊的には潤いのない困難な時でした。エンジンを作ると同時に、オートバイのレースにも出るようになりました。ある夜レースから帰宅の折に大きな事故を起こしました。それ以上に悪かったのですが、父は長時間、道路上に横たわっていたのです。それにより、医者がさじを投げるような肺炎を起こしました。英国の家で、生死の間をさまよっていたのです。祖父はアンゴラから父に手紙を書きました。その当時、到着まで三か月かかったとのことです。祖父は事故のことを何も知らないで書いたのです。父は喜んで開封しました。アンゴラの楽しいニュースを期待したのでしょう。でも、そこには、違ったことが書かれていました。その中にこういう文句があったのです。「たった一度の人生、それはすぐに過ぎ去る。キリストのためにしたことだけがいつまでも残る」(Only One Life it will soon be past, only what's done for Christ will last.)と。

その言葉に打たれて、父はベットから起き上がりました。そして自らをすべて神にささげたのです。神さまが触れてくださって癒されるよう祈ったのです。そしてその祈りは聞かれました。その後まもなく、神さまは父を宣教へと召してくださったのです。箱根にも導かれて説教のご奉仕に用いられたのです。

聖霊がこの御言葉を用いて、今私たちが、自らを主にささげることができますように。

(文責・岩井 清)

〈早天聖会 1〉

荒野から聖なる大路へ

三ッ橋 信昌

詩編126編

物事の移り変わりが激しい時代にあって、五〇年にわたり日本ケズィック・コンベンションを守り導いてくださった聖なる神さまの御名を崇め、ケズィックによる恵みの数々を感謝いたします。またこの聖なる集いのために、献身的に奉仕してきてくださった方々に感謝し、五〇年記念のお祝いを申し上げます。

七年前に日本ケズィックで早天聖会奉仕の恵みにあずかった時、私が箱根で奉仕させていただくのはこれが最初で最後だと思いました。ところが今回、思いがけず記念すべき五〇年の集いにお招きいただき、心からお礼申し上げます。有難うございます。

実は私がいま奉仕させていただいている印南バプテスト教会は、二〇〇九年一一月に創立五〇周年感謝礼拝をささげる恵みにあずかりました。これは余談になりますが、印南という地名は誰でも「インナン」と読むのではないでしょうか。以前ある教会の伝道会の御用に招かれた時、数名の高校生から「先生はインドの南から来られたのですか」と質問されました。そこで「私は日本人で江戸っ子です。どうしてそのように思ったのですか」と尋ねると、「漢字でインナンと書いてあるので、インドの南かと思った」という答えでした。

この印南の地で一八八二（明治一五）年カンバーランド長老教会宣教師ジョン・ヘール博士が最初の福音の種まきをされました。ヘール先生は神戸から徒歩で紀伊半島の村々、町々を巡回伝道され、各地に教会が設立されました。ヘール宣教師のあとに和歌山県伝道を受け継がれたのは、日本伝道隊宣教師ウィリアム・ビー先生ご夫妻でした。先生ご夫妻も度々印南伝道に来られましたが、印南ではキリストの福音に興味を示す人は全くありませんでした。ビー宣教師とともに和歌山伝道に従事された向後昇太郎先生から直接伺ったことですが、印南は石地のように堅いところだったそうです。

この石地で、日本基督バプテスト連合宣教宣団宣教師フランシス・ソーリ先生ご夫妻が天幕伝道集会を行うように導かれ、当時極東福音クルセード（現センド国際宣教団）による天幕伝道に従事していた私を、一九五九年六月に印南天幕伝道の御用に招いてくださいました。二週間にわたる伝道集会で、九八名の求道決心者が与えられました。これは当時としても驚くべき結果で、主の素晴しい御業をほめたたえ感謝しました。

それから一五年後の一九七四年、印南教会の献身者が宣教師訓練を受けるためにロンドンに遣わされ、ロンドン日本人集会に出席した時のことです。その集会に出席されていたビー宣教師夫人が、日本から来たこの姉妹に、「あなたはどこの出身ですか」と質問されました。姉妹が「和歌山県の印南教会からです」と答えると、ビー夫人は少し間をおいて、「印南といわれましたか」とまた尋ねられたそうです。それで姉妹が、「はい印南です」と答えるとビー夫人は大変喜ばれて、先生ご夫妻が困難な印南伝道から夜おそく家に帰られると、印南のためにいつも涙を流して夜中までお祈りくださったことを話されたそうです。

ロンドンでの訓練から帰国した姉妹が、ビー夫人の尊い証しを教会で紹介してくださった時、一五年前の天幕伝道におけるあの素晴しい収穫は、ビー宣教師やヘール宣教師たちが、涙とともに種まきをされた尊い宣教の働きの結実であることが初めてわかりました。まことに「涙とともに種を蒔く者は、喜び叫びながら刈り取ろう」です。　アーメン

前置きが長くなりましたが、詩篇126篇をもう一度ご覧ください。表題に「都上りの歌」とありますが、120篇から134篇までは「都上りの歌」です。関西聖書神学校発行のバクストン先生（写真3列目中央、Barclay Fowell Buxton, 1860~1946）による詩篇の霊的思想の中で先生は、「ユダヤ人は毎年エルサレムの

神殿にもうでる時、その道すがらこれらの詩篇を歌った。今日のわれらクリスチャンもまた、天国にもうでる途中であるから、これらの詩を歌うべきである」と説いておられます。そしてこの126篇には、「全き救いの幸福」という題がつけられています。

一八世紀英国の牧師で聖書全巻の註解書を著したマシュー・ヘンリーは、この126篇を記したのは、エズラかあるいはバビロンの捕囚からエルサレムに最初に帰還を許されたイスラエルの民の中の誰かも知れないと述べています。いずれにしてもバビロンの捕囚を経験した人によって記されたのは確かでしょうが、紀元前五三八年頃バビロンの捕囚だったイスラエルの民の一部は、ペルシャ王クロスの勅命によってエルサレムに帰ることを許されました。それ以降約一〇〇年の間に、捕囚の民によるエルサレム帰還は二回行われ、様々な試練を経て神殿と城壁再建も成し遂げられました。この歴史的背景を考慮しますと、ここに表されている感謝と喜びがよく分かるのではないでしょうか。

先ず1節〜3節は神による救いの喜びと感謝です。これはバビロンの捕囚から救い出されて、エルサレムへ帰れる恵みの喜びと感謝の賛美です。しかしそれだけではありません。聖書ではバビロンはサタンの支配を表すものですから、この御言葉は、イエス・キリストを信じる人がサタンと罪の束縛から救われ、神の御国に入ることを許される恵みを示す預言でもあります。この預言は、イエス・キリストが私たちの罪の贖いのために十字架で死に、三日目に復活されたことにより成就されました。十字架上のイエス・キリストは、「完了した」(ヨハネ19・30)と高らかに宣言されています。1節〜

3節は、イエス・キリストによる救いの喜びと感謝の賛美です。

今から六六年前、私たちの国は天皇を偶像に祀り上げた国家体制の束縛から解放されました。王の王、主の主なるイエス・キリストは、日本のために「大いなることをなされました」。そしてキリスト教会とキリスト者は、一節のような恵みにあずかりました。

当時のクリスチャンも教会も、物質的には繁栄とは程遠い状態でしたが、霊的には繁栄が回復されました。そして文字通り、「夢を見ている者のようでした」。ここで「夢を見ている者」と訳されているところの英語NIV訳の脚注には、「健康を回復した人々」と説明されています。米国ダラス神学校発行の旧約聖書講解書によれば、この訳のほうが適切であろうということです。

私たちの国のクリスチャンと教会が霊的健康回復の恵みにあずかってから六六年が過ぎ、誰が言い出したのかはわかりませんが、現在多くの教会やキリスト者は、閉塞状態にあると言われています。本当にそうでしょうか。霊的な意味でバビロンの捕囚から救い出されている私たちは、都上りの途上にいるのであって、閉塞状態の中にいるものではありません。都上りの道は平坦ではありませんが、私たちは神の聖なる都を目指す道を進んでいるのであって、八方ふさがりの中にいるものではありません。「私たちは四方八方から苦しめられますが、窮することはありません。途方にくれていますが、行きづまることはありません」（Ⅱコリント4・8）と言われています。

にもかかわらず閉塞感に囚われて、バビロンの捕囚に逆戻りしたような状態にある教会やキリスト者が多いのも現実です。そしてこの現状から抜け出せるような錯覚を与える様々な人為的方法論が広まっています。いま私たちに必要なのは、人の知恵や体験を拠りどころとする方法論でしょうか。そうではありません。一番大切なのは祈りです。ビリー・グラハム先生が言われるように、一番大切なのは祈り、二番目も祈り、三番目も祈りです。

そこで4節、これは神による完全な回復を切望する祈りです。「ネゲブの流れ」とは、イスラエルの南部にある砂漠の中に雨が降ると突然流れ出る川のことです。雨が降らないと、土地は石のように硬くて草も生えないところですが、ひとたび雨が降ると大きな流れの川が突然現れて草は芽生え花が咲きみだれ、豊かな実りをもたらすのが「ネゲブの流れ」です。この4節は、いかに困難な状況の中にあっても神の民がリバイブされ、多くの人々がキリストの救いにあずかるように切に求める祈りなのです。主なる神は、「私は乾いた地に水を注ぎ、干からびた地に流れを注ぎ、わが霊をあなたの子らに注ぎ、わが恵みをあなたの子孫に与える」（イザヤ書44・3）とお約束くださっています。この御言葉を堅く信じ受け入れ、切に祈り求め続けていく祈りが大切です。

センド国際宣教団が創立四〇周年を記念して発行したFEGC／SEND小史に記載されていますが、敗戦直後の日本に占領軍として進駐した米軍兵士の中には、非常に熱心な福音的クリスチャンがいました。彼らは戦場でも毎週祈祷会を守り、戦争が終わって日本に派遣されたら日本で伝道できるようにと祈り続けました。戦後日本のキリスト教会の霊的・物理的復興は、進駐軍兵士として日本に駐留した彼らの物心両面にわたる献身的な奉仕によるところが大きいという事実は、ほとんど知られていません。神の民の熱心な祈りが、砂漠のようであった敗戦後の日本に、「ネゲブの流れ」をもたらしたのです。

終わりに、5節と6節は神による救いの確信です。困難な状況の中で種まきをするのは、涙を流す働きです。マシュー・ヘンリー旧新約聖書註解書のこの個所の講解を、私のつたない抄訳で紹介させていただくことをお許しください。「涙を流すことが、種まきの妨げになってはならない。土地は雨によって種のために備えられる。私たちが蒔かなければならない種そのものといえる涙がある。自分自身と他の人の罪のために流す涙、苦しみの中にある教会のために思いやりをもって流す涙、祈りと御言葉のなかで砕かれる涙、ヨブやヨセフやダビデ、その他多くの人々は、涙の後で刈り入れの喜びにあずかった。敬虔な悲しみの涙とともに種蒔く人は、贖罪の証印を押された赦しと、すべてが清算された平安の喜びを刈り取る」。

今は手に負えない難問が山積する時代で、将来は悲観的に見えるかも知れません。しかし私たちは聖なる都上りの途上にあります。ここに敷かれている聖なる道を歩ませていただく私たちは、日ごとに真理の御霊のお導きと助けを仰ぎ、救いの喜びと感謝を人々に告げ知らせ、神による回復を涙とともに切に祈り求めながら、聖なる都上りに邁進しようではありませんか。

〈早天聖会 2〉

死に至るまで忠実でありなさい

原田 憲夫

ヨハネの黙示録2・10

日本ケズィック・コンベンション五〇年おめでとうございます！

私の初参加は第一二回（一九七三年）でした。講師のA・レッドパス師による、「ペンテコステの前にカルバリーがある」、D・モーケン師の、「もし死ななければならないのなら死にます（エステルの決意）」といったメッセージは、伝道者へと呼び出されたあの日から今に至るまで、私に「死ぬ」ことを問い続けるものです。

今朝の聖書個所はその原点を思い起こし、その応答でもあります。

「死に至るまで忠実でありなさい。そうすれば、わたしはあなたにいのちの冠を与えよう」（黙示録2・10）。

一、死に至るまで――そしていのちの冠を得よ

黙示録には二度ほど「死に至るまで」が出てきます。表題の2章10節と、12章11節の「兄弟たちは、小羊の血と、自分たちのあかしのことばのゆえに彼に打ち勝った。彼らは死に至るまでもいのちを惜しまなかった」、です。

これらは聞く者に、「通常の死」ではない、とても大きな「緊張」を感じさせる「死」です。そうです。一世紀末、ローマ帝国の時代にキリストの弟子たちは、ますます激しくなる迫害の嵐に見舞われていました。キリストへの純粋な信仰を貫くことは、「殉教」と背中合わせの時代だったのです。

（ヨハネ自身、パトモス島に島流しにされました。そこで主の啓示を受けてそれを当時のアジア州にあった七つの教会、すなわち、エペソ、スミルナ、ペルガモ、テアテラ、サルデス、フィラデルフィア、ラオデキヤに書き送ったものが黙示録です。）

英語のmartyr（「殉教者」）の語源になったギリシア語「マルテュス」（「証人」）が示すように、「キリストの証人」であることが「殉教者」と同じ重みをもつ時代でした（使徒22・20「あなたの証人ステパノの血が流されたとき」、黙示2・13「わたしの忠実な証人アンテパスが」、17・6「聖徒たちの血とイエスの証人たちの血に酔っているのを見た」、比較）。

今はこの二つの言葉はかけ離れているかもしれません。

けれども、復活の主キリストがペテロに言われたように、「どのような死に方をして神の栄光を現す」（ヨハネ21・19）かは別にしても、「すべての人は罪を犯した」ので「死」はだれの身にも確実に訪れるものです。

とすると、「死に至るまで」とは、「生きている限り」あるいは「生かされている限り」を意味するということになります。

ただ私たちの多くは、「死への準備」ができていないのではないでしょうか。ここで「死への準備」という意味は、具体的な葬式の準備のことではありません。もちろんそれも大事ですが、そういう意味ではありません。

「死」はだれにも止めることができない「別れ」をもたらします。しかしながら、振り返ると、私たちはみな生まれた時から今に至るまでの間、ずっと「別れ」ながら歩んできました。母の胎内と別れて母の胸の内に、卒業や結婚を機に育った家庭と別れて新しい職場や家庭に移りました。これらはヘンリ・ナウエンが言っているように、確かに「小さな死」です（『嘆きは踊りに変わる』より。あめんどう、二〇〇六年）。

同じように、「肉体の死」もまた次へと向かう「別れ」であっても、決して人生の「終着点」ではないのです。ただ知っていなければならない最も大切なことは、その先が希望なのか絶望なのか、「第二の死」に至るのか「いのちの冠を得る」のか、道が二つに分かれるということです。

聖書の約束は、キリスト者が次に進むのは、「神御自身の栄光で輝きあふれている天の御国」です。信者は、「神の栄光にあずかる希望」（ローマ5・2、口語訳）をいただいています。朽ちることのない「永遠の資産」（ヘブル9・15)、「永遠のいのち」を受け継ぐのです。

また、「いのちの冠」が待っています。この「冠」とは「花の冠」であり、「王冠」と区別されています。これは競技での勝利者に贈られる「栄誉の冠」です。「試練に耐える人は幸いです。耐え抜いて良しと認められた人は、神を愛する者に約束された、いのちの冠を受けるからです」（ヤコブ1・12)。しかし、純粋な信仰を失うことは「いのち」を失うことです。すなわち、主の日に、主が永遠の審きをなさる日に、栄光の教会から閉め出され、永遠のいのちにふさわしくない者として「第二の死」、永遠の滅びに至るのです。主への純粋な信仰を保ち、「勝利を得る者」は、決して「第二の死」によってそこなわれることはありません。

死に至るまで忠実な信者だけが、つまり生きている限り主キリストに忠実に生きる信者だけが「勝利者」として「栄誉の冠」、「いのちの冠」を受けることができるのです。

ここに私たちの目指すゴールがあります。

二、死に至るまで――忠実であれ

1「あなたは富んでいる」

当時のスミルナは美しい港を抱えた大都市でしたが、ローマの皇帝礼拝を最初に始めた都市の一つでした。「皇帝礼拝」を拒み、信仰の純粋さを保ち続けたスミルナの教会の「苦しみ」と「貧しさ」は桁違いのものでした。

サタンの迫害は激しく、手段を選ばないものでしたし、ユダヤ人や裏で先導する「偽信者」による策略は巧妙で、スミルナの信者たちは苦しめられました。

けれどもキリストは、「あなたは富んでいる」と言われるのです。称賛されるのです。教会の「豊かさ」はこの世の富、経済力とは関係がない、「霊的な豊かさ」です。対照的なのは、ラオデキアの教会です（黙示録3・17）。

2「あなたがたは十日の間苦しみを受ける」

「十日間」は、ダニエルが試みを受けた期間と同じです（ダニエル書1・12〜15）。

① ここから教えられるのは、いかに激しい迫害、苦難であっても、期間は限られているということです。どんなに長く感じられようとも永遠に続く苦難というものはないのです。

②と同時に、実際に、一定の時間の経過の中で、その純粋な信仰を貫いて生きるということが証しされているのです。

スミルナの信者たちは、たとえ迫害者の手が彼らの身の上に及び投獄されることがあっても、あるいは、人間の目には主が苦難の中にある信者たちを助けられなかったように思えても、燃える炉での純金を精錬する「きよめの過程期間」として、耐え忍ぶのです。

「忠実さ」とは、主の「ゆるがない霊」に支えられて試みに耐え、純粋な信仰を保ち続けることです。

3「死に至るまで忠実でありなさい。そうすれば、わたしはあなたにいのちの冠を与えよう」(黙示録2・10)。

三、死に至るまで――証人であれ

この書の中で、主キリストは、「初めであり、終わりである方」(2・8)と言われています。主キリストを信じるあなたも私も、今、その初めと終わりの「間」にいるのです。また私たち教会は、「金の燭台」(1・12、20)であると言われます。

その「燭台」に「真の光」を灯しつづけ、再び主キリストが来臨されるまでの間、そして「死に至るまで」（生きている限り）、御聖霊の助けをいただき、純粋な信仰を保ち、大胆に主キリストを証ししていきましょう！

終わりに、使徒パウロの御言葉をお読みします。

「いつでもイエスの死をこの身に帯びていますが、それは、イエスのいのちが私たちの身において明らかに示されるためです」（Ⅱコリント４・10）。

この御言葉の中から、「死に至るまで忠実であれ」との主の励ましを聞きましょう。

〈五〇年記念式典・聖会〉

使徒パウロの〝黄金の祈り〟

峯野 龍弘

エフェソ3・14〜21

序

お互いは日本ケズィック・コンベンション創立五〇年を迎えるにあたって、今ここに歴史的な第五〇回記念大会を催すことになった。このため英国ケズィックよりロバート・エイメス博士ご夫妻を、そして米国よりデビッド・オルフォード博士とその御母堂にして故スティーブン・オルフォード博士のご夫人へザー・オルフォード女史を、そしてさらには全国各地のケズィックの代表者方にもご臨席を賜わることができた。これらのご臨席くださった方々に、先ず心からの感謝の意を表する次第である。

そこでお互いは、今この場において、かかる遠路からのご来賓方と共々に、今日に至るまでの半世紀間、絶大な祝福をもって日本のケズィック・コンベンションをお導きくださった恵み深き主に、心からの感謝と賛美、そして栄光を帰そうではないか。ハレルヤ!

さてこの意義深い記念すべき聖会において、「使徒パウロの〝黄金の祈り〟」と題して、語らせていただこう。

ちなみにパウロ書簡を一瞥する時、お互いはそこに数々の使徒パウロの祈りを見いだすことができる。例えば、エフェソ1・15〜19、コロサイ1・9〜12、Ⅰテサロニケ3・11〜13、5・23〜25などである。しかしかかる使徒パウロの祈りの中で、今これから共に学ぼうとしているエフェソ3・14〜21の祈りほど、美しく輝きを放つ崇高な祈りが他にあるだろうか。この祈りを小僕は、あえて使徒パウロの「黄金の祈り」と呼びたい。

おそらく使徒パウロは、この「黄金の祈り」をエフェソ教会の信徒一同が、一人もれなく霊的に深化され、力強く、聖く、成熟したキリスト者となるようにと願ってささげたに違いない。しかも、この祈りの中には、三位一体の神の愛と恵みと力が漲り溢れている。そしてそこには限りなく豊かな霊的祝福に満ち溢れた世界が展望されている。

主イエス御自身が教えられた「主の祈り」が、「ダイヤモンドの祈り」であるとするなら、この使徒パウロの祈りはそれに次ぎ、まさに「黄金の祈り」と呼ばれるに値するであろう。それに比べて異教徒や偶像教徒などが日夜ささげるご利益主義的祈りは、まさに「石の祈り」、「木の祈り」、さらには「藁の祈り」とでも言えよう。それゆえお互いキリスト者の日々の祈りは、断じてこの次元の祈りであってはならず、常に純金のように尊い聖なる祈り、つまり「黄金の祈り」であらねばならない。

なぜならそもそもお互いキリスト者は、主の大いなる贖いと恵みによって神の子とされ、既にこの世から聖別されている者であるからである。それゆえ使徒パウロは好んでお互いキリスト者を、「聖なる者」と呼ぶことを躊躇しなかった。（エフェソ1・1、4、15、18、2・19、3・8、18、4・12、5・3、26、6・18参照）

パウロはこのお互いキリスト者の選びと聖別とについて、実に驚くばかりの素晴らしい真理を告げていてくれる。

第一に、お互いは天地創造の前から、神に愛され、御前に聖なる者、汚れのない者とされるために、キリストにあって選ばれた者である（エフェソ1・4）。

第二に、それゆえお互いはキリストにより、御心のままに前もって神の子として定められ（同5節）、かつその尊い血潮によって贖われ、罪を赦された者なのである（同7節）。

第三に、その上お互いは御国を受け継ぐための保証として、聖霊の証印を押された者なのである（同13、14節）。

かくして使徒パウロは、かかる驚くばかりの恵みにあずかっているエフェソのキリスト者たち一同が、何としても神の栄光を「ほめたたえる」（同3、6、12、14参照）に足る「聖なる者」であるために、この祝福に満ち溢れた「黄金の祈り」をささげる必要を痛感したに違いない。

さて、そこで本論に移ろう。

一、祈りの姿勢（14～15節）

先ず、第一にこの「黄金の祈り」をささげるときのお互いの祈りの姿勢は、どうあったらよいのであろうか。それは終始大いなる謙遜と神への畏敬の念をもってなされなければならない。それは「敬虔な祈り」である必要がある。

使徒パウロがここで、「わたしは御父の前にひざまずいて祈ります」（同3・14）と表現しているのは、まさにこの姿勢を表している。このように聖徒の祈りは、常にこうあるべきである。いにしえの聖徒たちも神の御前に祈る時、万流の油や数千の雄羊をささげるにも優って、「打ち砕かれた悔いる心」、つまり謙遜にして神への畏敬の念に満ち溢れた真摯な姿勢で、主の御前に額づいたのであった（詩編51・18～21、ミカ書6・5～8参照）。

ちなみにパウロは次の節で、「天と地」という神の至高性と偉大性を仰がせる言葉を導入することによって、そのコントラストを通してより大きくその御前に跪き、ひれ伏す者の謙虚さを明示している。

かくしてお互いも日々、主の御前にかかる姿勢で「黄金の祈り」をささげたいものである。

二、三つの重要な祈り（16～19節）

お互いが日々祈るべき「黄金の祈り」には、以下の三つの重要な内容があることに深く留意しよう。

1 内なる人の強化と深化の祈り（16節）

先ずそこには神の絶大な恩寵に依り頼む「内なる人」の強化と深化の祈りが必要である。それではその「内なる人」の強化と深化とは何か。

① それはお互いの「霊性の充実」、つまり霊性の強化と深化である。お互いが「聖なる者」であるためには、常にその霊性が充実し、さらに強化、深化されていく必要がある。物質的、外的な充実は、決してお互いの霊性を強化、深化させるものではない。それは日々祈ることによって神と交わり、天の御父の栄光の豊かさの中から、聖霊によって、力づけていただくことが必要である。これに優る強化と深化の道はなく、否、これ以外の道はない。

② またそれはお互いの「人間性の成熟」、つまり品性、人格の変革と成長を意味している。お互いは決して他人を躓かせたり、神の聖名を汚すような者であってはならない。その信仰の成長と共に人間性が成長、円熟し、つまり強化、深化されていかなければならない。

③ しかもこれらの「霊性の充実」や「人間性の成熟」は、単に努力精進して知識や能力の増進や、また技術、才能の促進を図るというような人間的な所作の結果ではなく、ひたすら神の御心に従い、日々よく祈り、御言葉に学び、聖霊の導きに従順に服することによって形成されていく神の恵みなのである。つまりパウロがいみじくも、「御父が、その豊かな栄光に従い、その霊により、力をもってあ

なたがたの内なる人を強めて」（3・16）と記したように、それは実に神の恩寵なのである。そこでお互いは、日々主の御前に跪いて、謙虚に、かつ神を畏敬しつつ、この祈りを主にささげようではないか。

その昔、日本のメソジスト教会の初代監督赤沢元造師は、朝毎に離れの部屋に籠り、人を避けて独り主の御前に出でて、祈りの内に自己の霊性の充実と人間性の成熟を求め、内なる人の強化と深化を図っていたということだが、お互いも大いにこれを見習いたいものである。

2「内住のキリスト」体験と聖化の祈り（17節）

第二に重要な祈りは、明確な「内住のキリスト」体験を自己の内に確立するための祈りである。これは通常、「キリスト者の聖め」と呼ばれている体験でもあって、お互いの「聖化」を求める祈りでもある。すなわちお互いの内に長く支配していた醜い我執や自己中心主義が駆逐されて、それに代わって主イエス・キリストがお互いの心の内に住んでくださり、そのキリストの愛がお互いの心を全く支配し、その結果、各人がキリストの愛に根ざし、その上にしっかりと自己を確立して生きていくことを切願する祈りである。お互いキリスト者は、この体験を明確に具有することによって、キリストの心を心とし、またキリストの生き様を自らの生き様として身に着け、聖く生き抜くことができるのである。その時、すべてのキリスト者が使徒パウロと共に、「生きているのは、もはやわたしではありません。キリストがわたしの内に生きておられるのです」（ガラテヤ2・20）と霊的凱歌の声を挙げることができるのである。これこそがまさに、「内住のキリスト」体験と呼ばれるのにふさわしいものであり、聖化の恩寵にあずかることの内実なのである。そこにはキリストの愛に根ざした明確な自己確立がなされ、そこからキリストにある無限の愛の世界が開けるのである。

これまたその昔、関西聖書神学校の校長であった沢村五郎師（一八八七年～一九七七年）がその若き日に、この「内住のキリスト」体験を渇望していた。遂にある日、切羽詰まって何とかしてこの体験を自らのものとして明確に領有したいと志し、かつて英国のウィリアム・デルという説教者が、オリバー・クロムウェルの銅像の前で説教したという「死して甦りしキリスト者」という薄い説教集一冊と聖書を携えて、六甲の山に籠って夜通しひたすら祈られた。まさに「黄金の祈り」を神にささげたのである。その結果、見事にその祈りは叶えられ、同師は、「内住のキリスト」体験、つまり聖化の体験を明確にされたのである。この瞬間から、かの偉大な聖徒、沢村五郎師のキリストの愛に満ち溢れた麗しい生涯が誕生したのであった。

そこでお互い一人一人もこの二番目の祈りを、日々、主の御前にささげることによって、決して「内住のキリスト」体験を過去のものとせず、日々、いや時々刻々、新鮮にして継続的体験とし、常にキリストの心を心として、またキリストの生き様を自分の生き様として、キリストと共に愛の内を歩み続けていく者でありたい。

三、霊的成長と成熟、円熟の祈り（18〜19節）

そこで第三に重要な祈りは、かかる各人がその生涯の「最後の一息」に至るまで、ますます霊的成長を遂げ続け、さらには成熟、円熟に向かって不断に歩み続けるべきことを切願する祈りである。

いにしえの有名な詩人アーサーウェイが、いかにも詩人らしく使徒パウロの記したコリント第一、13章8節の「愛は決して滅びない」という言葉を、「愛の花びらは決して散らず、愛には終着駅がない」とコメントしたが、誠に同感である。お互いの内にひと度いただいたキリストの愛は、決して色あせたり、風化させてはならない。いつまでも存続せねばならない「最も大いなるものは、愛である」（Ⅰコリント13・13参照）。それには断続や、ましてや「終着駅」が地上の生涯にあってはならない。キリストの愛を追い求めて生きていくお互いキリスト者の全生涯は、地上における「最後の一息」に至るまで、常に愛の存続、成長、成熟を遂げていくべきものなのである。それはさながら、ただ一筋に、天国に凱旋するまで、天上の主イエスの御許にある天の終着駅めざして、ひたすら昇り詰めていく、「愛の特別列車」の如き生涯でなければならない。そこで使徒パウロは、こう祈ったのである。

「キリストの愛の広さ、長さ、高さ、深さがどれほどであるかを理解し、人の知識をはるかに超えるこの愛を知るようになり、そしてついには、神の満ちあふれる豊かさのすべてにあずかり、それによって満たされるように」（18〜19節）と。

これは何とスケールの大きな雄大、壮大な祈りであろうか。一体誰がこの地上においてこの祈りのスケールを満たすことができようか。それはまさに無限大のスケールである。キリストの愛の広さ、長さ、高さ、深さには、まさに際限がない。大宇宙でさえそれを決して満たすことはできないであろう。それこそ人知をはるかに超えた、人間には到底、計り知ることのできない深遠な奥義が無限に広がっている。それにもかかわらず使徒パウロは、あえてそのキリストの愛の無限の世界に向かって祈りを発している。そこにはお互い、「聖なる者」と呼ばれるキリスト者が、真に御心に適って「聖なる者」にふさわしく、その全生涯を通じて霊的成長を遂げ続け、成熟した者、円熟した者となって、この世にキリストを証し続けてほしいとの牧会者パウロの切なる願いが込められていた。

それと同時にいかに恵まれた者であろうと、生涯決して自分がもう十分成長し、成熟した者であるなどと自負したり、また油断することのないように、絶えず謙遜に、そして常に真摯に、さらに広く、長く、高く、深くなる愛の成長、成熟、円熟の世界を追い求めて生きるようにと、使徒パウロはこの雄大、壮大なキリストの愛の豊かさに満ち満たされることを祈ったのであった。その究極の願いは言うまでもなく、お互いキリスト者すべてが、遂には「主と同じ姿に造りかえられていく」（Ⅱコリント3・18）ことにあったのである。

その昔、トマス・ア・ケンピスもこの「キリストの似姿」を追い求めて、かの不朽の名著、『キリストに倣いて』を世に著した。また『キリストの如くに』を記したアンドリュー・マーレーも、同様に

「キリストの内住」体験を自らの内に確立することにより、自らが「キリストの似姿」となることを慕い求めていたのである。

それゆえ今日のお互いも、その信仰の年輪を増すに従って、いよいよ豊かな霊的成長、成熟、円熟を加え、キリストの愛に満ち溢れた豊かな人生を過ごしたいものである。

四、祝祷と頌栄（20〜21節）

かくして使徒パウロは、大いなる祝福の祈りと頌栄とをもって、この「黄金の祈り」を結んでいる。すなわち、「わたしたちの内に働く御力によって、わたしたちが求めたり、思ったりすることすべてを、はるかに超えてかなえることのおできになる方に、教会により、また、キリスト・イエスによって、栄光が世々限りなくありますように、アーメン」と。

使徒パウロは、かくしてこの極めて尊い「黄金の祈り」をささげている内に、思わず感謝が心の内から湧き上がり、エフェソの信徒一同のための大いなる祝福を願うと共に、神御自身に限りない頌栄、すなわち賛美と栄光をささげざるを得なかったのである。なぜならこの「黄金の祈り」は、お互いの人間の求めや思いをはるかに超えて、その内に働く主御自身の御力によって、必ず成就する祈りだったからである。そもそも「黄金の祈り」の成就ということは、お互いの人間の願いや計画によるものではなく、神御自身から出た「秘められた計画」（3・3、9）であり、しかも「キリストにより実現される計画」(4、11節)であった。これを「奥義」と呼ぶ。実にこの奥義は、キリスト以前の時代の人々には隠され秘められていたものであったが、「今や〝霊〟によって、キリストの聖なる使徒たちや預言者たちに啓示」(5節)され、何とすべてのキリスト者にまで啓示されているのである。それゆえかく思う時、使徒パウロは思わず心の底から湧き上がる頌栄を、神に帰さずにはおられなかったのである。

ちなみに「奥義」とは、霊の眼の開かれていない者にとっては依然と隠されているものである。しかし霊の眼の開かれた者にとっては、明白に啓示されている事柄を意味している。

こう考えてみる時に、この記念すべき五〇年を迎えた日本の「ケズィック」こそ、まさに今まで閉ざされていたお互いの霊の眼を御霊によって開かせ、さらには尊い御言葉の解き明しを通して、そこに隠されていた聖なる真理(奥義)を鮮やかに開示してくれる、「奥義開眼の場」であり、大いなる「霊的祝福の場」であると言えよう。

そこで今こそお互いも、この聖なる霊的祝福の場である日本ケズィック・コンベンションにおいて、いよいよ「黄金の祈り」を日々主にささげる「奥義開眼者」とされ、生涯の最後の一息まで霊的強化、深化を祈り求めつつ、さらには「キリストの似姿」となるまで成長、成熟、円熟への一筋道を、ひたすら走り抜く者とさせていただこうではないか。

〈第46回大阪ケズィック・コンベンション　バイブル・リーディング1〉

われらは裁かれることはない

ロバート・エイメス

ローマ8・1〜4

今回私たち夫妻をまた大阪にお招きいただき、大きな特権でございます。英国のケズィック大会におきましては、特に午前の集いは、「バイブル・リーディング」と言われています。今朝私たちは、本当に細心の注意をもって御言葉を伺いたいと思います。

ローマ人への手紙8章はいろんな意味で非常に重要な論争を起こすところで、ローマ人への手紙で鍵となるところです。これはいろんな意味で大変ユニークでまた特異な個所で、大切な御言葉がたくさんあります。例えば1節、18節、31節、32節、これらの御言葉は大変よく知られている聖句です。ですからこの御言葉については、皆さんよく知っているというふうにしばしば思われがちですが、これは真実ではありません。

また、この8章の中にはあまりよく知られていない御言葉もあります。この8章の鍵となる御言葉を皆さん方が知りたければ、この8章の中で聖霊について語られているところに全部○印をつけていただきたいのです。そうしますと8章27節までに、御霊についての言及がたくさんあることに気づかれます。

今朝はこの1～4節だけの御言葉について見てまいります。皆様方が今朝、御言葉を聞くためにここに来られていることを、大変喜んでいます。実は英国では残念なことに説教というものはなおざりにされてきている時代に、私は英国のスポルジョン大学で学びました。私は神学生でしたので、御用がない時にはロンドンに来て、当時の偉大な説教者のメッセージを聞きました。当時クリスチャンの間で交わされた質問は、「今日のメッセージはどうでしたか?」と。しかし今日クリスチャンの間で交わされる質問はしばしば、「今日の集会、あるいは礼拝はどうでしたか?」となります。今日多くの人々は固い御言葉よりも集会そのものを楽しみにしているかのように思えます。もちろん私は集会をします。非常に大切です。しかし、今朝皆さん方は御言葉を聞くためにここに来られたので、そのことにお礼を申し上げます。

英国では神学、神について学ぶことは退屈だとしばしば言われています。神学とは神の御言葉の学びです。神の御言葉の学びがどうして退屈なものでありうるでしょうか。パウロが記したこのローマ人への手紙は神学における最初の力作、傑作です。

このローマ人への手紙は紀元五九年の頃に記されたと考えられています。紀元五九年から今日まで世界に起った様々な変革について考えてください。例えば私たちの衣服、今日使われている交通手段、また様々な電気器具、パウロはもちろんこれらのものを全く知りませんでした。しかしこの御言葉で語られているメッセージに耳を傾けてください。今ここで私たちはこの古い書物を開いております。これは御霊の霊感を受けた神の御言葉で、私たちを神に導きます。この御言葉を通して、神についてまた自分自身について知らされます。神、イエス・キリストに出会うというその事実についても知らされます。また私を聖別してくださる聖霊なる神の御力、そのすべてがこの御言葉の中に記されています。

かつて英国では、この神の御言葉、主イエス・キリストの古い話を聞かせてくださいという賛美をよく歌ったものです。

このローマ人への手紙は預言的でもあります。パウロはこれを書いている時、ローマが世界の権力の中枢になることを知っていました。と同時に、いずれキリスト教がローマの中心になるということも明らかにされてきているように思われます。

パウロはローマに行きたいと願っていました。しかしパウロがローマに来た時は、鎖につながれた状態にありました。彼はローマで囚人として扱われました。そして彼が亡くなったのもローマでした。今ここに私たちが開いているローマ人への手紙は福音の真理の明確な、正確な呈示です。彼はいずれ神がお導きくださるローマ訪問への準備のために、キリスト教のこの教理を記したわけです。今朝ここで驚くべきことが起こるかもしれません。というのはローマ人への手紙は今日まで何回も世界の歴史を変えてきたからです。文字通り現実にローマ人への手紙は世界を変えてきました。

皆さん方はあの偉大な宗教改革者マルティン・ルターのことをご存知だと思います。この人も神との平和を求めた人です。彼は文字通り神との平和を求めて巡礼の旅に出て、彼を縛りつけていた罪の縄目からの解放を求めていました。しかし、平和を見いだすことはできませんでした。彼は当時の大学の教授でもありました。ある時彼は、ローマ人への手紙の講義をするように求められました。彼はローマ1章17節の御言葉を見いだしました。信仰、義認、義とされる、義認による信仰、ルターが神のために何かできるということではない。そうではなくて、神御自身がルターのためにしてくださった御業、主イエス・キリストが十字架においてなされたその御業によって、ルターのためにすべてのことが完成されている。彼は悔い改め、信仰によって主イエス・キリストを受け入れました。イエス・キリストにあって新しい者に造り変えられました。そのことによって、宗教改革が始まりました。

ある方々はジョン・ウェスレーのことについてよくご存知だと思います。ウェスレーはかつてオックスフォードの大学生でした。私もオックスフォードでウェスレーについて学んだことがありますけれども、彼は非常に敬虔な人物でした。彼の宗教生活では非常に組織的に厳格に訓練された生活をしていました。そういうわけで「組織化された」というのは「メソッド」、「組織化された人」で「メソジスト」と呼ばれるようになりました。彼はまだ植民地時代のアメリカに宣教に出かけました。しかしジョージアでの宣教の結果、彼は非常に冷たい心になり、幻滅を抱いてイギリスに帰ったのです。彼自身、イエス・キリストをまだ経験してなかったようです。

ある月曜の夜、英国では月曜の夜は決して人々は教会にはまいりません。彼はロンドンの中心のある所で開かれていた集会に出席しました。人々によるとこれはこの種の集会で最も退屈な集まりであったようです。しかしここで何が起こったか、皆さん、信じてください。いちばん前に立っている人がある本を読んでいました。彼はルターがこのローマ人への手紙を書いたその講義、論文を読んでいた。その時、神の御霊が降ったのです。そのローマ人への手紙のルターの講義を聞いたウェスレーは、その場で変えられました。彼の証しによると、「わたしの心は不思議なように温かくなった。このような私のためにさえイエス様は死んでくださった」と。そしてその結果として、あの英国の霊的覚醒運動が始まったのです。

私たちが今朝ここにいる理由は、この英国で起こった霊的覚醒の結果でもあるのです。この霊的な覚醒は日本に届き全世界にも及ぼされています。これがローマ人への手紙による福音です。今日に対する福音でもあります。信仰、これは神がキリストにあって私たちに何をしてくださったのか、それが信仰ということです。私自身がどんな努力したか、全くそれは関係ありません。十字架の前に私は何者でもありません。本当に自分を無にして立たされる。それが信仰です。私に関係なく、主イエス・キリストのあの十字架の犠牲はなし遂げられました。しかしそれは私のためでありました。神はそれほど私を愛してくださり、私のために御自身をおささげくださいました。ローマ人への手紙8章1節に進みますと、この8章で私たちはローマ書の頂点に到達するのです。

ローマ人への手紙はこの8章までは、信仰について語られてきています。3章ではキリストの救い、福音は異邦人のためでもあると示されています。私たちキリストにあって一つにされることをここで体験させられていますけれども、このローマ人への手紙3章でキリストにある一致がすでに示されています。

皆さんは日本人、私は英国人、しかし私たちは皆異邦人でもあるわけです。キリストの福音はあなたがたのためであり、また私のためでもあります。そしてこの勝利の中で8章に導かれてまいります。ところがここに至るまでには7章でパウロは、罪との戦いについて語っています。私はしたいと思っていることができないと告白しています。そして私はなすべきこと、したいことができないと。一体このような私を誰が解放してくれるのかとパウロは叫んでいます。しかし主イエス・キリストにおいて感謝する。私は主イエス・キリストに心においてはいつも仕えています。聖霊の力によってと。

そして8章にまいりますとパウロは、キリストにあるものは裁かれることはないと述べています。「裁き」ということは非常に重要な言葉です。裁きということは、法廷の場において裁判を受けるということです。そしてその結果、有罪を宣告されるということが起こります。これが裁判の裁きです。裁かれるということは有罪判決を受けることです。

私は若かった頃、最初の職業は弁護士でした。弁護士として当然、法廷の場に度々出なければなりませんでした。けれどもその職業の中から全部明け渡して、この伝道牧会の戦いに召されたのです。私はこの牧会伝道の訓練を受けるため献身して神学校にまいりました。当時としては大変、恵まれていて、車が与えられたのです。

それで私が自動車を使わない時にはちょっといろんな収入を得るために人に車を貸したことがあるのです。貧乏学生でしたからお金が必要で、自動車を使わない時には学生にちょっとお礼をもらって車を貸しました。ところが私の車を使った四人の学生が、ある日大変な事故を起こしました。一人の女性はその事故で首に大怪我をしました。また他の人たちは骨折しました。警察が来て、この車にかけられている保険を調べました。私の保険には、その保険によって他人が運転した場合にはその保険がかけられていないことが分かりました。大変なことですね。私の車で事故をした人には保険が支払われないと。私は法廷に呼ばれましたがその場合には弁護士ではありません。被告人です。私は弁護士として裁判所で何が行われるか知っていました。けれど私はそれまで被告席に立ったことはありませんでした。ないのです。非常に恐れました。恐怖のどん底ですね。結論を申しますと、この保険会社の係員が裁判所に来て証人として立って、実はこの被告人の保険には、他の人が運転しても保険がかけられているけれど、会社はそれを記載することを忘れたのだと。その日のうちに私は解放されました。

皆さんは法廷の被告席に立たされ、有罪を宣告されたことがあるでしょうか。これこそ恐ろしいことです。そうであるとするならば、全知全能の主なる神の法廷の場に立たされるなら、どんなに恐ろしいことでしょうか。これは恐れ以上のことです。しかしパウロはこの書簡の中で宣言しています。皆罪を犯したので、神の栄光を受けることはできない。また御言葉は語っています。「もし、罪はないと言うならば自分を欺いており、……神を偽り者とするのです」（Ⅰヨハネ1・8、10）と。

ローマ人への手紙2章3節には、「あなたは、神のさばきを免れるのだとでも思っているのですか」とあります。恐ろしいことです。しかし御言葉は裁かれることはないと約束しています。どうぞ注意してお聞きください。これは非常に大切なことです。イエス・キリストにある者は告発されたその告発が取り下げられたのであると。それはもう裁かれることはない。有罪とされることはないと。ということは、私たちは罪の影響から自由にされているという意味ではありません。ローマ7章はそのことを説明しています。また有罪にされることはないというのは、神からの訓練を受けることはないという意味でもありません。また霊的な戦いがないという意味でもありません。

罪が宣告されることはないという意味は、このようなことです。その文字通りのことです。つまり、主イエス・キリストにある人は、罪に定められることはない。私の罪が十字架上のイエス様の上に全部乗せられたとき、主は全ての代価を支払ってくださいました。もうそれ以上に支払うべきものはありません。そしてもう裁きは宣告されることもありません。パウロの記している御言葉によれば、キリスト御自身が神の呪いを受け、呪いとなられたのでキリストにある者は、もはや呪われることはない。罪がキリストを裁いたということの事実、これは驚くべき事実です。あなたの罪、私の罪、この受けるべき裁きがイエス・キリストによって受けられ、解決されている。ですから、だれでもキリストにある者は新しく造りかえられた者であり、古いことはすべてが過ぎ去って、すべてが新しくなったのであると。

英国に著名なマシュー・ヘンリー（Matthew Henry, 1662~1714）という聖書注解者がいました。彼はこの様に説明しています。パウロが説明しているのは、私たちに対する罪の告発がないということではない。マシュー・ヘンリーによると、私たちは罪の告発を受けている。にもかかわらず、私たちに対する告発はすべて解決済みである。パウロの言葉によれば私たちのうちに裁きを受ける必要がないものがあるという意味ではない。私たちは裁きを受ける者、にもかかわらず裁きはないと。これは主キリストの十字架のお陰で、これは素晴らしいことです。

私たちが日本でのご奉仕に最初に招かれましたのは、一九九八年でした。ここに立っている通訳者に一つの大切な質問をいたしました。それ以来共にこうやってご奉仕させていただいています。私は、日本語で最も麗しい言葉はなんですかと質問したのです。一生懸命考えられたようです。「恵み」という言葉ではないでしょうかということでした。

「恵み」というのはどういう意味ですかと聞きますと、「グレイス、すばらしい、すばらしい恵みです」と。パウロは神の御言葉は愛によって支えられております。神は御独り子を賜うほどにこの世を愛してくださいました。それは彼を信じる者が、「ひとりとして滅びることなく、永遠のいのちを持つためである」（ヨハネ3・16）と。ですから、裁かれることはないのです。これはもう私たちの理解を超越した神の恵みです。皆さん方、この個所にしるしをつけてくださいますか。皆さんが心を痛めることがないという意味ではありません。涙がないということでもありません。痛みがないという意味でもありません。痛み、悲しみがあるかもしれません。辛い経験もあるでしょう。しかし、これらは裁きではないのです。こうした人生の苦痛の体験は神の裁きではありません。

今回も家内が共に来ることを許されて本当に喜んでおります。実は今回のご奉仕には家内は来られないと思う出来事がありました。と申しますのは、こちらにお伺いする前、家内が乳ガンであると分かり、手術を受けなければならないからです。ケズィックでの御用が終って英国に帰りましたら、放射線治療を受けなければならないのです。しかし、このような病気の体験は神の裁きではありません。なぜなら、キリストにある者は裁かれることはないと御言葉が告げているからです。神の御言葉は最も確かな証拠です。そして神の恵みはいつも完全、十分です。主の御名をほめたたえようではありませんか。

皆さんのある方は、お宅にあるいはご自分の生活に問題を抱えておられるかもしれません。もしあなたがキリストのうちにあるなら、それがどのようなことであっても、裁きではありません。結婚生活において、夫婦生活において問題があるかもしれません。しかし、それは神の裁きではないのです。経済的な問題、それもまた裁きではありません。

三つの簡単な分かりやすい聖書の例を申し上げましょう。

最初にエサウとヤコブの出来事です。覚えていらっしゃいますか。あのヤコブは兄エサウの衣服を着て、もうほとんど盲目に近かったイサクはこのエサウの衣服を着ているヤコブがエサウと思い、弟のヤコブを祝福しました。誰でもキリストにあるならば、その人はキリストのうちにあるならば、神は私を見るのではなく私のうちにおられるキリストをご覧くださる。そこに裁きはありません。

もう一つの物語。旧約の時代は、「目には目。歯には歯を」(出エジプト記21・24、他)と言われていました。そしてここに今友だちと働いている人がいたとします。彼はある時、斧を使っていたのです。ところが、無意識のうちに斧の刃のところが飛んで友だちにぶつかり、その友だちがそれで亡くなった。殺人罪ですね。しかし、ヨシュア記を見てみるとそのような場合に「逃れの町」に逃れることができました。「逃れの町」に行けば安全で、その人は安全を保障されたのです。

神の恵みにより私たちはキリストの内におりますから、安全です。そこには裁きはありません。ノアこと。彼は箱舟の中にいました。外は嵐が吹き荒れ、波が荒れ狂っています。しかし箱舟の中には、水は一滴も入ることなく安全でした。私たちがキリストの内にあるなら、安全です。しかしよく分からないと言われるかもしれません。ヤコブはいい人間だとは言えないような人でした。また斧を使っていた人も、注意が足りなかったのかも知れません。ノアは、「全き人であった」(創世記6・9)とありますが、聖人と呼ばれるには程遠い人でした(同9・21以下)。そして私たちも完全とは程遠い人間です。しかし私たちはキリストの中に置かれています。そこでは裁かれることはないのです。

このメッセージの終わりに申し上げたいことはこの裁かれないという輝かしい教理の実際的なお話はなんでしょうか。

裁きが除かれるときに何が起こるのですか。喜び、平安、そして確信、そして神様が願うような者に変えられたいという聖なる願いが私たちに与えられるということです。神が与えられる光によって、神の命によって、神に近づかせていただき、神の御力、神による勝利を体験させていただきたい。私はキリストの御姿にいよいよ変えられていきたいと、これがケズィックの存在する理由です。

神の憐れみのゆえに私たちは生ける供え物として自分自身を神にお献げする、聖められ、神に喜ばれる供えものとして。もう言葉に言い尽くせないほどの数々の恵みの御業を神は私たちにしてくださっています。あるがままの私を受け入れてくださるのです。

終わりにこのことを皆様方にお残ししたいと思います。悪魔は偽り者です。どうぞ覚えてください。悪魔は偽り者、キリストの内にあるならば、病は裁きではありません。愛する者を失う悲しみも裁きではありません。どのようなものも裁きではありません。この同じ8章の中でパウロは言っています。「神が私たちの味方であるなら、だれが私たちに敵対できるでしょう」（31節）と。そして8章32節では、「圧倒的な勝利者となる」と。

私たちを愛してくださったキリストによってこの恵みの教理、私のために神はすべてをなしてくださったのです。このコンベンションを通してこの恵みが与えられること、ここに本当に希望が溢れてきます。今日は外にもたくさんの方が座っていらっしゃいます。皆様方、大会衆ということでなく、あなたそして私がキリストとの個人的な関係を与えられ、私たち一人一人がキリストにあって兄弟姉妹とされているのです。そうした私たち一人一人がキリストにあるならば裁かれることはないのです。

このような主なる神に私の愛、私のすべてをお献げするものです。主イエス・キリストのお名前によってアーメン。

（文責・吉木 裕）

〈第45回北海道ケズィック・コンベンション　バイブル・リーディング2〉

キリストと共同の相続人

ロバート・エイメス

ローマ8・12～17

今年の日本ケズィックのバイブル・リーディングを準備するときに、私は、聖書の中の一つの章、ローマ人への手紙8章から、四回の説教をするように導かれました。今日はまず8章9節を見てみましょう。今日の箇所では、「もし」(if)という言葉にしるしをつけてみましょう。9節には、「もし、神の御霊があなたがたのうちに住んでおられるなら」(新改訳)と書かれています。

9節の後半も、日本語には出ていませんが、英語の聖書では、「もし、キリストの御霊をもたないなら、キリストに属していません」と訳されています。

また、11節では、「もし、……霊があなたがたの内に宿っているなら」と記されています。このように、今日の個所では、パウロは繰り返して「もし」という言葉を使っています。8章1節には、「こういうわけで、今はキリスト・イエスにある者が罪に定められることは決してありません」と記されています。これは神から与えられたすばらしい恵みですが、この言葉を読んだ人の中には、「それじゃ、自分の好きなように生きればよいのだ。自分のしたいことを何でもすればよいのだ」と考える人がいるかも知れません。おそらく、当時のクリスチャンの中にもそのようなことをパウロに言った人がいたようです。そのような人々に対して、パウロは次のように答えています。「私たちは、恵みの下にあるのだから罪を犯そう、ということになるのでしょうか。絶対にそんなことはありません」（6・15）と。

今日の個所の中心テーマは「聖化」に関するもので、もはやキリストにあって罪に定められることがない私たちはどのように生きるべきかという問題を取り上げています。このテーマを次の四つのポイントから考えたいと思います。

一、クリスチャンの責任
二、神に対する責任がもたらす生き方
三、責任を果たす助けとなる神の力
四、聖霊は私たちをどこに導くのか

一、クリスチャンの責任

12節の言葉は日本語の聖書では、「私たちにはひとつの責任、あるいは義務がある」となっていますが、英語の聖書は「私たちには借りがある」と訳されています。私たちは借金を負っている者です。しかしその借金は誰に対して負っているものでしょうか。私たちは、キリストにあってもはや罪に定められることはありません。私たちは罪に対しては借りを持っていません。サタンに対しても何の借りもありません。また、貪欲に満ちた自己中心のこの世に対しても私は借りがありません。聖書は、この世と調子を合わせてはいけないと教えています。この世とは、私たちの肉的なものや過去の生き方、すなわち、神に反対するあらゆるものを象徴しています。

13節には、「もし肉に従って生きるなら、あなたがたは死ぬのです」とあります。肉に従って生きることは私たちの霊的生活の死を意味します。そして聖書は、私たちにはひとつの責任があると教えていますが、その責任とは父なる神に対するものです。父なる神は独り子をお与えになるほどにこの世を愛されました。私たちは、父なる神が私たちに示された愛に対して借りがあるのです。また私たちは、御子イエスに対しても借りがあります。主は私たちを愛し、そして私たちのためにいのちを捨ててくださいました。更にまた私たちは、聖霊に対しても借りがあります。聖霊は私の必要を教え、その必要が満たされる所である主イエスの十字架に私たちを導いてくださいました。

私たちは借りを負っている者です。神様の愛について考えてみましょう。ここにお集まりの皆様は、それぞれ神さまの愛を受けて信仰に導かれたと思います。一人一人に神様によって救われた証しがあります。クリスチャンホームに育った人、熱心な宣教師の働きによって救われた人、友人から教会に来るように誘われた人、牧師先生から教えを受けて救いに導かれた人、私たちの救われ方はさまざまですが、一人一人の救いの中にキリストの愛が働きました。私たちはキリストの愛に引き寄せられ、キリストにあって新しく生きる者とされました。また霊的な飢え渇きが与えられました。私たちは御子によって実現し、聖霊によって表された父なる神の愛に対して借りを持っています。

二、神に対する責任がもたらす生き方

パウロは13節で、「もし、御霊によって体の行いを殺すなら」と述べています。この言葉は多くの誤解を生みました。ある人は、実際に自分の体を傷つけました。ローマカトリック教会の中に「オプスデイ」(Opus Dei) と呼ばれる運動があり、人々は体に痛みを与えるものを身にまとうことによって、体の行いを殺そうとします。また別の人々は、私たちが完全に罪のない聖人として生活することが可能だと考えました。

パウロが13節で言おうとしていることは、そのようなことではありません。13節の言葉を正しく理解するための鍵となるのは、「御霊によって」という言葉です。体を殺すという行為は肉体的なものではなく霊的なものです。私たちには、完全に罪のない生活をしたいという願いはあっても、それを行う力がありません。ここでパウロは「もし、御霊によって」と記しています。また、「殺す」という言葉については、ガラテヤ5章24節に、「キリスト・イエスにつく者は、さまざまな情欲や欲望とともに、

十字架につけてしまったのです」と書かれていますが、これはイエスの十字架の死を描いています。十字架の死は残酷なものです。激しい痛みがともないますが、恐ろしいほどにゆっくりとした死です。十字架は非常に遅い死ですが、同時に、確実な死でもあります。「体の行いを殺す」こともこれと似ています。私たちは体を殺すという責任を負っていますが、そのための助けも与えられています。

13節の「もし」という言葉は、私たちの責任を示しています。そして「御霊によって」という言葉で、体の行いを殺すために聖霊が助けとなってくださることが分かります。私たちの責任については、聖書の他の個所にも、「あなたの救いを完成しなさい」、「自分自身を建てあげなさい」といった言葉があります。私たちに責任がないという考えは明らかに間違っています。

私たち夫婦には孫が七人いますが、その一人が私たちの家に遊びに来ました。彼女はまだ歩くこともできない赤ちゃんでしたが、ある日椅子につかまって立ち上がりました。少し離れたところにもう一つ椅子があったのですが、彼女はその椅子に向かっておぼつかない足取りで歩き始めたのです。彼女の顔には何か勝ち誇ったような表情がありました。「私は歩けるの！」と自慢しているかのようでした。しかし、彼女が気がついていないことが一つありました。実は、私が彼女の真後ろにいて、彼女の襟首をつかんでいたのです。私は、そのようにして彼女を助けましたが、彼女はそのことに気づいていませんでした。

私たちには責任があります。しかし、同時に、御霊による助けが与えられています。誰でも、自分の欠点を変える努力、うわさ話をやめる努力、人を裁く心を変える努力、このような努力は必要ですが、自分の力だけではこのような目標を達成できません。しかし、パウロが証言しているように、私たちは、私たちを強くしてくださる方、すなわち聖霊の助けを受けることによって、何でもできるのです。

三、責任を果たす助けとなる神の力

13節でパウロは、「御霊によって……あなたがたは生きるのです」と述べています。私たちは自分自身の信仰生活の中で、どれほど御霊の働きを経験しているでしょうか。私自身は、自分については分からないのですが、他の人の中に聖霊が働いているのを見ます。霊的に強められるために私たちがより頼むことのできる唯一の力は、聖霊の力です。聖霊の力が働くときに、私たちの生活がよりいっそう聖められ、キリストに対する愛が深まり、霊的な飢え渇きが強くなります。そして、キリストに似た姿へと変えられていきます。

私が以前、大きな教会で牧会していたときのことですが、私たちに四番目の娘が与えられました。その教会では牧師夫婦に赤ちゃんが生まれることは久しぶりのことでしたので、誰もがとても喜びました。私の妻が出産後はじめて赤ちゃんを連れて教会に出席したときは、教会員が長い列を作って私たちに与えられた赤ちゃんの顔を見ました。そしてある人は、「母親似だ」と言い、別の人は「父親に似ている」と言いましたが、とても楽しいひと時でした。誰もが赤ちゃんが親に似ていることを期待していました。それと同様にキリストにあって新しく生まれた私たちは神様を霊の父として持っているわけですから、私たちが親に似た者になることは当然のことです。私たちの態度、考え方、話し方が父親と似ているはずです。

四、聖霊は私たちをどこに導くのか

14節読みましょう。「神の御霊に導かれる人は、だれでも神の子どもです」。

1、聖霊は私たちをキリストに導きます。このことについて主御自身が、「聖霊は私の栄光をあらわし、私に関することをあなたがたに示す」と言われました。聖霊に導かれるとき、私たちはもっとキリストを知りたいと願うようになります。

2、聖霊は私たちを真理に導きます。聖霊が私たちを偽りに導くことはありません。主イエスは言われました、「御霊はあなたがたを真理に導きます」と。真理以外の何ものでもありません。

3、聖霊は私たちを力へと導きます。主イエスは弟子たちに聖霊が注がれる時に力を受けると約されました。それはどのような力でしょうか。イエスを礼拝する力であり、神に仕えるための力です。

4、聖霊は私たちを聖さに導き、

5、聖霊は私たちを栄光に導かれます。

これらの導きは長いプロセスですが、聖霊は確かに私たちをこれらのところに導いてくださいます。聖霊に対して恐れを感じている人がいますが、15節を見てください。「あなたがたは、人を再び恐怖に陥れるような奴隷の霊を受けたのではなく、子としてくださる御霊を受けたのです」と。

パウロは、聖霊は恐れるものではなく、私たちを神の子どもとしてくださる霊だと言っています。私たちは聖霊によって、神の家族の一員にしていただきました。神が私たちを養子として御自身の家族に迎えてくださいました。それは、私たちが神に愛され、望まれて、家族に迎えられたことを意味します。ですから私たちは聖霊を恐れる必要はまったくありません。

聖霊とは、神の愛の表れだと言えるでしょう。16節に書かれているように、聖霊は私たちが神の子どもであることを、私たちの霊とともにあかししてくださるのです。ですから、私たちは御霊によって、神を、「アバ、父」と呼ぶのです。「アバ、父」と日本語では訳されていますが、パウロはここで、父を意味するギリシヤ語とヘブル語を書いているのです。「アバ」というヘブル語はユダヤ人の赤ちゃんが初めて口から出す言葉だそうです。私たちは御霊によって神を「アバ、父」と呼ぶのですから、私たちは決して聖霊を恐れるべきではありません。私たちは、どうして、愛と恵みに満ちた聖霊の働き、聖霊御自身を恐れる必要があるでしょうか。私たちが神の子もであることを保証する聖霊の証しが、私たちの生き方を変えるのです。

パウロはさらに論を進めて、もし私たちが神の子どもであるなら、私たちは神の相続人であり、キリストとの共同相続人であると述べています。

私たちが日本に来る前に、弁護士をしている友人から、日本に行く前に遺書を書いておいたほうがよいと言われて、彼と相談をしながら遺書を書くことにしました。私は、遺書の中に、財産の一部をスポルジョンカレッジに寄贈して、残りはすべて子どもたちに与えると書きました。私は子どもたちを愛していますので、子どもたちに何かを与えたいと考えます。子どもたちは将来いつか、私たちが残した財産を受け取ります。そのとき子どもたちは、私たちが彼らを愛していたことを知るでしょう。パウロは、私たちは神の子どもであり、また神の相続人でもあると記しています。神は私たちを愛しておられるので、私たちに惜しみなく与えてくださいます。神の愛には限界がありません。神の恵みにも限度がありません。神は私たちに一方的に与え続けてくださいます。そのことを御霊御自身が証ししてくださいます。これこそ、私たちが心に留めるべきすべらしい神の真理です。

パウロも聖書で繰り返してこの事実について述べています。

ガラテヤ4章7節、「あなたがたはもはや奴隷ではなく、子です。子ならば、神による相続人です」、コロサイ3章24節、「あなたがたは、主から報いとして、御国を相続させていただくことを知っています」、ヘブル9章15節、「キリストは新しい契約の仲介者です。それは、初めの契約のときの違反を贖うための死が実現したので、召された者たちが永遠の資産の約束を受けることができるためなのです」

などです。

召された私たちは永遠の資産の約束を受けることができるのです。しかしながら忘れてならないのは、17節にはもう一つ「もし」という言葉が記されています。「もし私たちがキリストと、栄光をともに受けるために苦難をともにしているなら」という言葉です。もし、私たちが神の子どもであるなら、私たちは苦難を受けることもあります。しかし、私たちは一人で受けるのではなく、キリストともに苦難を受けるのです。そして、その苦難の向こうには、光り輝く栄光が待っているのです。

（文責・小西直也）

〈第45回北海道ケズィック・コンベンション　バイブル・リーディング3〉

祈りの課題

ロバート・エイメス

ローマ8・26～28

先ずパウロのこの手紙が、どのような状況で書かれているかを見ましょう。

パウロはここで、キリストにある者が初穂として現在受け取る恵みと将来受け取る贖いの恵みについて語っています。パウロはそれを、「忍耐をもって熱心に待ちます」（25節）と言っています。

このローマ人への手紙は、パウロがローマを訪問するときのための準備として書かれたものです。そして彼は実際にローマに行くことになりますが、そのときは宣教師としてではなく、鎖につながれた囚人として行ったのです。それがどれほどの期間であったかはよくは分かりませんが、彼の牢獄での様子はどのようなものだったのでしょうか。

たとえとして、私たちが彼を訪問したと、考えて見ましょう。パウロの入れられている牢獄に行くと、私たちは驚かされるでしょう。私たちは、彼がその肉体をひどく痛めつけられているのを発見するでしょう。顔は傷つけられ、石を投げつけられ、ムチで打たれ……彼の身体がどれほど苦しめられたかを示しています。

パウロはキリストのために様々な苦しみを体験してきたのです。彼は8章23節で、「うめく」と言っていますが、それは私たちが経験する痛みについて述べているのです。そして誰もそのような痛みから逃れることができないというのです。

しかし、牢獄に入れられているパウロに出会って私たちは、彼が何か書き物をしていることに気付くのです。そこで、「あなたは何を書いているのですか」と質問すると「私はピリピにいる兄弟たちに手紙を書いているのです」と答えが返ってきます。そして、「ピリピの兄弟たちにどんな手紙を書いているのですか」と聞きます。するとパウロは、「私は彼らに、喜びなさい、と二回も繰り返して書いたのです」と答えます。そこで私たちは、「パウロさん。よく考えてみてください。ローマ兵たちがあなたに、これからどういうことをしようとしているのか、お分かりですか。彼らは、来週かその次の週には、あなたを殺すかもしれないのですよ。それなのにあなたはピリピの人々に、喜びなさいと書くのですか」と。そして今度はすこし勇気を出してこう質問をします。「あなたには何かやり残していることはないのですか」。するとパウロは座りなおして考え、「まだやりたいことがありあります。私はイエスさまをもっと知りたいのです。それは私の願いです。そのときを私は待っています」と。

私たちは説教するとき、パウロが完璧なクリスチャンであるように言います。でも彼は決して完璧ではありませんでした。彼は自分のことを、「罪びとのかしらである」と言います。彼はステパノの殉教のとき、それに加わっていました。また教会を迫害する人でした。彼はそんなことを経験した人だったのです。（パウロは、自分について正直な人でした。私たちは神に関して、また自分に関しては、常に真実でなければなりません。）

しかし、パウロはこの8章で、「私は希望を持っている」と言っています。23節を見てください。「それればかりでなく、御霊の初穂をいただいている私たち自身も、心の中でうめきながら、子にしていただくこと、すなわち、私たちのからだの贖われることを待ち望んでいます」。これは彼が経験していたことでした。そしてそれはまた私自身の経験でもあります。私の弱さはパウロの弱さとは違います。また皆さんの弱さとも違うでしょう。ある人は聖書の理解が足りないという弱さがあるかもしれません。またこの世の教えに流される人、なかなかクリスチャン生活が続かない人、またある人は肉体的な弱さや、霊的な弱さを持っているかもしれません。しかし、パウロはこのような弱さを持っていても絶望しないというのです。なぜならその弱さの中に聖霊が助けを与えてくださるからだというのです。26節に、「御霊も同じようにして、弱い私たちを助けてくださいます」とあるとおりです。先ず自分の弱さを認め、「助けてください」と祈ることです。

そこでパウロに、あなたの弱さとはなんですか、と質問します。すると彼は、「私は自分の祈りについて問題を感じています」と言うでしょう。パウロは26節ではっきりと、「私たちは、どのように祈ったらよいか分からないのですが」と言っています。祈りは複雑なものです。どうしたら本当の祈りが分かるのでしょうか。祈りについて多くの本が書かれています。またイエスさまも弟子たちに、「主の祈り」を教えてくださいました。

私は書斎に英国国教会の祈祷書をおいています。また賛美歌の歌詞にも祈りの言葉があります。このように祈りの助けとなるものがたくさんあります。しかし、たとえば祈祷書を使ってのお祈りには、考えもしないでただ繰り返しの祈りになる危険があります。

それでは正しい祈りとは何でしょうか。あなたにとって本当の祈りとは何でしょうか。

私の子どもがまだ幼い頃のことです。私は書斎には、子どもをあまり近づけないようにしていたのですが、あるときドアがバタンと開いて、子どもが走ってきたのです。そしていきなり、「お父さん」と言って、自分の思いを話し出したのです。

15節には、「あなたがたは、人を……子としてくださる御霊を受けたのです。私たちは御霊によって、『アバ、父』と呼びます」と記されています。私たちは神さまに向かって、聖霊によってアバ父「お父さん」といって祈ることができるのです。これが本当の祈りなのです。

教会での整った祈りがあるでしょう。また心の中での個人的な祈りがあるでしょう。祈りは複雑なのです。ある人は、祈ることに恐れを感じています。イギリスでは、祈祷会に出席する人は少ないのですが、なぜでしょうか。ある人は、「横向きの祈り」ということを言いました。神さまに向かって祈っているように見えるのですが、実際は、横にいる人を意識してその人に聞かせるように祈っているのです。このような祈りは、本当の祈りではありません。

私の九歳のときの、忘れられない恥ずかしい思い出があります。それは、はじめて祈祷会に出席したときのことです。人々は円形状に座っていて、一人一人、順番に祈るのですが、自分の番が近づくにつれて、怖い思いになりました。何を祈ってよいのか分からなかったのです。そしてついに自分の番になったときに、愚かしい祈りをしてしまったのです。私はなんと、「トラックの運転手を祝福してください」と祈ったのです。そのとき私は別にトラックの運転手に重荷をもっていたわけではありませんでしたが、とっさにそのような祈りになったのです。本当に恥ずかしく、自分でも絶望的になったものです。隣の人のように長くは祈れないとか、何を祈ってよいのか分からないといった、惨めな気持ちになることがあるでしょう。でもパウロも、「どのように祈ったらよいかわからない」と言っているのです。そして、「しかし、御霊ご自身が、言いようもない深いうめきによって、私たちのためにとりなしてくださいます」と。

パウロは私たちの不十分な祈りを、聖霊が執り成してくださり、力強い祈りに変えてくださるというのです。私の九歳のときの祈りも、聖霊によって、ちゃんとした祈りにされているのです。聖霊は私の愚かな祈りを、神の前に届けてくださったのです。

私は牧師になる前は弁護士になる訓練を受けていましたが、神さまによって献身するように、神学校に行くように招かれました。はじめ、それは私にとって本当に嫌なことでした。神学校はスコットランドにありましたが、ラジオのBBCでは放送はお祈りをもって終了することになっていました。それは詩篇4篇8節のお祈りでした。「平安のうちに私は身を横たえ、すぐ、眠りにつきます。主よ。あなただけが、私を安らかに住まわせてくださいます」。私は自分では祈れなかったので、このお祈りを聞いていました。そしてその祈りを通して神は私に、神学校での学びを乗り越える力をお与えになったのです。

神さまはいろいろな形で祈りの助けをお与えになります。パウロはここで特別な祈りの助けについて語っています。26節の後半に、「私たちは、どのように祈ったらよいかわからないのですが、御霊ご自身が、言いようもない深いうめきによって、私たちのためにとりなしてくださいます」とあります。ギリシヤ語では、「御霊ご自身」という言葉が非常に強く表現されています。聖霊はクリスチャンのために執り成しておられるということです。

パウロがこのことを語っている状況はどのようなものだったでしょうか。

彼は裁判を念頭において語っています。被告は裁判の部屋に入ってくると恐れを感じてしまいます。圧倒されてしまいます。そのため何か発言を求められても、恐れのあまり言葉が出てこないのです。

しかしそのとき、被告の横には弁護士がいます。弁護士は被告のことをよく調べていて、それを自分の問題として扱っています。また弁護士は法律をよく知っています。その上で被告の無罪を主張するのです。同じように私たちは、神の王座の前に、キリストの十字架によって招かれていますが、そのとき聖霊は私たちのために執り成してくださいます。私たちは自分の罪を告白し、自分の必要を説明します。私の願いを言い表します。そのようなことを言う資格はないけれども、私の横には弁護士がいるのです。私はどう祈ったらよいか分かりませんが、でもそのとき、私のために執り成してくださる方、説明してくださる方がおられます。驚くべきことですが、聖霊は祈りを始めてくださる方、霊感を与えてくださり、言葉は簡単であったとしても、また、神学的には不十分であったとしても、その祈りを聖霊が受け取って神に届けてくださいます。そのときその弱い祈りが、力強い祈りに変えられるのです。聖霊は私たちの祈りを生み出しくださり、私たちが何を祈るべきかを教えてくださいます。聖霊は神が私たちの父であることを教えてくださいます。私たちは立派な祈りを望みます。また、立派な祈りをする人がいます。祈りの賜物を与えられている人もいます。

たとえば私の妻は、ベッドサイドに一冊の本を置いています。『聖徒たちの祈り』という本です。この中にはすばらしい信仰者の祈りが書かれています。でもぜひ理解してほしいのですが、私は美しいことばで祈ることができないのです。すばらしい祈りの言葉は出てこないのです。それでも聖霊は私の祈りを受け取って父なる神の前に提出してくださり、その祈りは美しい祈りと変えられていくのです。力強い祈りに変えられるのです。そして神の御手を動かす祈りとなるのです。祈りは変えられていきます。それは聖霊の働きであり、神の栄光のための働きです。ですから私たちはただひたすら祈るのです。

28節を見ると、「神を愛する人々、すなわち、神のご計画に従って召された人々のためには、神がすべてのことを働かせて益としてくださることを、私たちは知っています」とあります。また27節には「人間の心を探り窮める方は、御霊の思いが何かをよく知っておられます。なぜなら、御霊は、神の御心に従って、聖徒のためにとりなしをしてくださるからです」とあります。聖霊は、神の御心に従って私たちのために、とりなしてくださるお方なのです。ですから私たちは何も恐れることはありません。

Iサムエル記16章7節には、「人はうわべを見るが、主は心を見る」とあります。神は私たちの心の中にある祈りも知っておられるのです。神はあなたのことを良く知っておられます。ですからあなたがどのように祈ってよいのか分からなくても、「神さま」という叫びが神に届くのです。

詩篇139篇23～24節、「神よ。私を探り、私の心を知ってください。私を調べ、私の思い煩いを知ってください。私のうちに傷のついた道があるか、ないかを見て、私をとこしえの道に導いてください」。この祈りの言葉は非常に大きな励ましだと思います。Iヨハネ2章1節には、御父の前で弁護するお方としてのキリストが記されています。私たちが父なる神の前に祈るときに、弁護者としてイエス・

キリストがおられ、私たちの祈りを、聖霊が神の前に届けてくださるのです。三位一体の神が、私が祈るときに助けてくださるのです。そのことは私にとって大きな励ましであり、祈るとき、「大丈夫だ」と思うことができるのです。

皆さんは、飢え渇きをもって集まっておられます。聖霊を求めるなら与えられるという約束があります。求めることです。どのように祈るのか分からないというかもしれません。でも願いがあり必要があります。そのことを神の前に祈るのです。子どもは私の書斎に入ってきてただ、「パパ、パパ」と言うのですが、私には子どもの必要がわかるのです。父なる神は、あなたの全てを御存知です。ですから恐れないで、自分の弱さを言い表して祈るのです。聖霊があなたを助けてくださいます。さあお祈りしましょう。

（文責・高橋 養二）

〈第45回北海道ケズィック・コンベンション　バイブル・リーディング4〉

神に感謝します

ロバート・エイメス

ローマ8・28〜39

「神を愛する人々、すなわち、神のご計画に従って召された人々のためには、神がすべてのことを働かせて益としてくださることを、私たちは知っています」（8・28）。

イギリスのある註解者はこの個所で、「歴史において起こる全ての働きが終わるとき、この世においてか、あるいはあの世においてか、全てのことが益に変えられる」と述べています。それは、私たちへの神の目的が、あの世においてはじめて分かる、ということがあるという意味です。

ここでパウロが述べているのは、彼の人生のひとこまのことではなく、神が彼の人生の「すべてのことを」働かせて益としてくださる、と言っているのです。

まず、この御言葉の約束を自分のものとすることができるのは誰なのでしょうか。パウロは、「神を愛する人」だと言います。この手紙をパウロは次のような言葉で書き始めています。「あなたがたも、それらの人々の中にあって、イエス・キリストによって召された人々です、――このパウロから、ローマにいるすべての、神に愛されている人々、召された聖徒たちへ」（1・6～7）。神に愛されて人々が、「私は神に愛されている者だ」という確信を持つとき、全てのことが変わるのです。パウロは弟子のテモテに、「神は私たちを救い、また、聖なる招きをもって召してくださいましたが、それは私たちの働きによるのではなく、ご自身の計画と恵みとによるのです」（Ⅱテモテ1・9）と語りました。神が一方的な御計画によって私たちを召してくださったというのです。

またそれは、私たちが何かよいことをしたからというのではなく、神の恵みによるのだというのです。そしてさらにまた、神の愛によることであり、聖霊のお働きによることなのです。私たちは神のお働きによって神の子どもとされ、神の家族の一員とされたのです。「神がすべてのことを働かせて益としてくださる」という約束を自分のものとすることができる人、それは神を愛する人々、また神の御計画に従って、神に召された人々なのです。そして私たちこそ、神の聖なる招きによって、召された者たちなのです。

次にこの約束にずかる人々の特権とは何でしょう。

私たちは、さまざまな現実に直面しなければなりません。そして神は本当に、「すべてのことを働かせて益としてくださる」のだろうか、という問いに直面するのです。

たとえば旧約に記されているヤコブの生涯を見ますと、彼は飢饉や家族を失うという経験をしました。愛する子どもを失ったのです。そのときヤコブは次のように言っています。「あなたがたはもう、私に子を失わせている。ヨセフはいなくなった。シメオンもいなくなった。そして今、ベニヤミンをも取ろうとしている。こんなことがみな、私にふりかかって来るのだ」（創世記42・36）。すべてのことが自分に対して過酷に迫って来る。あなたはそのようなことを経験したことがありますか。ヤコブのこの経験はまた、あなたの経験でもあるのではありませんか。人生において、本当に悲しいことが起こりうるのです。そのようなときに、「すべてのことを働かせて益としてくださる」という御約束が真実でありえるのだろうか、と思われるかもしれません。しかし、ヤコブの子どもであるヨセフの言葉をみますと、彼は自分を裏切った兄弟たちにこう言いました。「今、私をここに売ったことで心を痛めたり、怒ったりしてはなりません。神はいのちを救うために、あなたがたより先に、私を遣わしてくださったのです。……それは、……大いなる救いによってあなたがたを生きながらえさせるためだったのです」（創世記45・5〜7）。

また主の弟子たちに起こったことを見てみると、マルコ福音書6章では、主は弟子たちに、舟に乗って湖を渡るようにお命じになりました。しかし、湖の途中で嵐が起こり、波が荒れてきたとき、弟子たちはきっとこんな会話をしたのではないでしょうか。「イエスさまが行けと言われたのではないか、なのになぜこんな危険なことが起きているのだろうか」と。しかしイエスは弟子たちに近づかれ、嵐の中で、「平安あれ」と言われたのです。岸辺にいたのでは学ぶことができなかったイエスの力を、彼らは嵐の中で学んだのです。

私はずっと頭痛を持っていますので、アスピリンを飲みます。この小さな錠剤が私の頭痛の助けになるのです。でも、私はこの錠剤に何が入っているのか知りません。いくつかの成分が入っていて、それらが互いに働いて、私の頭痛を取り去ってくれるのです。

「共に働く」とありますから、さまざまな人生の出来事の一つだけを取り上げてはいけません。人生において起きるすべてのことを見なければならないのです。ここにおられる皆様のうちで、あるいは結婚生活に困難を覚えている方がおられるかもしれません。昨日は、家族を失った方のお話を聞きました。これは叫びたくなるほど辛いことです。恐ろしいほどの苦しみや痛みを体験することがあります。そんなとき「神さま。どうしてこんなことがあるのですか」と叫びたくなるはずです。でも、私は神を信頼します。私はクラシックが大好きですが、その美しいハーモニーは、さまざまな音が集まって作り出されます。

昨日、妻と私は札幌の町を歩いていたのですが、ある店で写真を見ていました。でもその写真のすばらしさは、少し離れた所から見ることで、はじめて分かるものでした。私たちは、何かの出来事のただ中にいるときには、そのことを本当に理解することはできません。でも、少し時間がたってからそのことを見るときに、それがどんなにひどいことであっても、神の約束が変わらなかったこと、神がそのことのただ中にあっても私を見捨てることがなかったことが分かるのです。そしてそのことを通して、さらに神を信頼することができるようになり、神の栄光が崇められるようになるでしょう。

次に31節から39節に参ります。

31節に、「では、これらのことからどう言えるでしょう」とあります。これまでに語られた御言葉から、どのような結論を引き出すことができるのでしょうか。

クリスチャンの生涯には、さまざまな戦いと痛みがあります。またこの世の力、肉の力、サタンという敵対するものの存在があります。そして自分の中にもさまざまな葛藤や戦いがあります。また、自分ではこれからどうなるのか分からない状況におかれることもあります。そのような私たちにとっての希望と確信はどこにあるのでしょうか。

御言葉は、「神が私たちの味方であるなら、だれが私たちに敵対できるでしょう」(31節)、さらに、「私たちすべてのために、ご自分の御子をさえ惜しまずに死に渡された方が、どうして、御子といっしょにすべてのものを、私たちに恵んでくださらないことがありましょう」と述べています。これはすばらしい約束です。

神さまは私たちの救いのために御自分の御子をさえも惜しまずに死に渡されたお方です。ローマ人への手紙5章8節では、その神の愛についてこのように記されています。「しかし私たちがまだ罪人であったとき、キリストが私たちのために死んでくださったことにより、神は私たちに対するご自身の愛を明らかにしておられます」と。パウロはそれらのことを通して、十字架こそ私たちが将来受ける祝福の保証である、と語っているのです。さらに8章33節には、「神に選ばれた人々を訴えるのはだれですか。神が義と認めてくださるのです」とあります。私たちを訴えることは誰にもできないのです。チャールズ・ウェスレー（写真、Charles Wesley, 1707〜1788）はこのように言い表しました。「今、私は何も恐れない。裁きはもうないのだ」と。

選ばれたということでは、神が私たちを愛してくださったということが強調されています。それは、私が神を知る前に神が私を知っていてくださり、私が神を求める前に、神が私を捜し求めてくださったということを意味します。次に、それは永久に変わらないことを意味します。主イエスがそのために死ななかった罪というものは存在しないのです。

ですからパウロは挑戦状をつきつけているかのようです。英語で挑戦することを、手袋を投げつけると言いますが、パウロはまさにサタンに対して、手袋を投げつけて、「罪に定めようとするのはだれですか。死んでくださった方、いや、よみがえられた方であるキリスト・イエスが、神の右の座に着き、私たちのためにとりなしていてくださるのです」と叫んでいるのです。なんとすばらしいことではありませんか。私たちを名前で呼んでくださる方は、私たちの状況をすべて知っておられ、私たちのために大祭司として祈っておられるのです。ヘブル人への手紙4章14〜16節には、「さて、私たちのためには、もろもろの天を通られた偉大な大祭司である神の子イエスがおられるのですから、私たちの信仰の告白を堅く保とうではありませんか。私たちの大祭司は、私たちの弱さに同情できない方ではありません。……ですから、私たちは、あわれみを受け、また恵みをいただいて、おりにかなった助けを受けるために、大胆に恵みの御座に近づこうではありませんか」とあります。

「死んでくださった方、いや、よみがえられた方であるキリスト・イエスが、神の右の座に着き、私たちのためにとりなしていてくださるのです」（ローマ8・34）。

イエスは私のために死んでくださり、私たちに必要な事はすべて十字架で成し遂げてくださったのです。そのことを確かなこととしてくださるために、イエスは死から勝利をもって復活されたのです。

そしてパウロは次にこう言っています。「私たちをキリストの愛から引き離すのはだれですか。患難ですか、苦しみですか、迫害ですか、飢えですか、裸ですか、危険ですか、剣ですか。『あなたのために、私たちは一日中、死に定められている。私たちは、ほふられる羊とみなされた。』と書いてあるとおりです。しかし、私たちは、私たちを愛してくださった方によって、これらすべてのことの中にあっても、圧倒的な勝利者となるのです」（8・35〜37）と。パウロは現実にこれらの困難に直面していたのです。これらの言葉はパウロが想像して描いたのではないのです。

またこの手紙を受け取ったローマのクリスチャンたちも、苦しみの中にあったのです。この当時、ローマの皇帝はネロでしたから、彼らは迫害によって殉教したと思われます。彼らの経験は非常に恐ろしいものでした。ライオンや剣闘士の前に投げ出されたのです。このような状況に置かれた人々に向かってパウロの手紙は書かれたのです。そしてパウロは愛を込めて質問します。「私たちをキリストの愛から引き離すのはだれですか。患難ですか、苦しみですか、迫害ですか、飢えですか、裸ですか、危険ですか、剣ですか」。そしてすばらしいことを述べるのです。「しかし、私たちは、私たちを愛してくださった方によって、これらすべてのことの中にあっても、圧倒的な勝利者となるのです」(37節)と。

英語では「圧倒的な勝利者」は「勝利者以上の者」と訳されています。それは、「戦いが始まる前にすでに勝利を経験している者」という意味です。皆さんは、「私はそんな勝利者という気持ちはしない」と言われるかもしれません。あるいは、「私ではなく別な人」と言われるかもしれません。でも感謝すべきことは、この勝利ということが、私たち人間からではなく、神の側から来るのだということです。「私たちを愛してくださった方によって」とあります。人生には嵐や悲しみや死を経験する事がありますが、パウロは、「しかし、朽ちるものが朽ちないものを着、死ぬものが不死を着るとき、『死は勝利にのまれた。』としるされている、みことばが実現します。『死よ。おまえの勝利はどこにあるのか。死よ。おまえのとげはどこにあるのか。』」(Ⅰコリント15・54〜55)。「私はこう確信しています。死も、いのちも、御使いも、権威ある者も、今あるものも、後に来るものも、力ある者も、高さも、深さも、そのほかのどんな被造物も、私たちの主キリスト・イエスにある神の愛から、私たちを引き離すことはできません。」（ローマ8・38〜39）と叫んでいるのです。

私がロンドンで牧師をしていたときのことです。グラディスという一人の女性が病気になり病院に運ばれましたので、私と妻はお見舞いに行きました。彼女はこう言いました。「先生。私は神さまをつかんでいた手を離してしまったような気がします」と。そこで私は彼女に、「いいえ。神さまがあなたをしっかり握っています」と言いました。彼女は耳が遠くなって聞こえなかったので、「先生聞こえません」と言いますので、私は病院中に聞こえるような大きな声で、「グラディスさん、神さまがあなたをしっかり握っていますよ」と言いました。すると彼女はやせ細った手を挙げて、「ハレルヤ！」と言いました。そして、その二〇分後に召されたのです。

パウロは言いました。「神の愛から私たちを引き離すものは何もない」と。パウロは、「死、苦しみ、迫害、裸……」と、思いつく限りのさまざまなリストを挙げましたが、たとえどのようなものであっても、神の愛から私たちを引き離すものはないのです。グラディスさんと共に私たちも、あの神の御約束を信じていきましょう。お祈りしましょう。

（文責・高橋　養二）

〈第21回九州ケズィック・コンベンション〉

主には憐れみがある

デビッド・オルフォード

詩篇130篇

神は私たちとの喜びの交わりを願っておられる方です。クリスチャンライフは、「喜び」ということで特色付けられる生活です。主にあって喜ぶということは、神との交わりにおける喜びであり、私たちお互いの間の交わりにおける喜びです。それは「神は愛である」ということの表れです。そしてそれはまた「神は光である」ということをも表しています。それはヨハネの手紙にありますように、愛と光がお互いに補い合う、そういう真理です。神は光であるから、そこには暗闇がない。それは何を意味しているのでしょうか。

神は完全に真理のお方であるということです。神は本当に純粋で、誠実で、聖いお方です。そして光のお方であり、私たちはその光のうちを歩むのです。では「光のうちを歩む」とはどういう意味でしょうか。ヨハネの手紙を見ますと、それはイエス・キリストに対する信仰によって歩むということです。イエス・キリストが真理であり、真理にあって歩むということです。それは単に頭で信じるということではなく、私たちの行動にも表れるということです。ですからクリスチャンの歩みは信仰の歩みであると共に、服従の歩みであるといえます。私たちは聖霊の力によって、また神の恵みによってイエス・キリストに従って歩んでいくのです。クリスチャンは光のうちを歩むようにと召されているのです。

しかし、時に私たちは光のうちを歩んでいないことがあります。神に従わなかったり、愛さない生活をしている。聖書はそのことを罪だと教えます。詩篇130篇を見ていきますが、ここでは私たちが罪を犯したときにどうすべきか、ということを教えています。私たちは神との交わりから離れてしまったときにどうすべきかを学ぶ必要があるのです。なぜなら罪が神との喜びの交わりを妨げたり、引き離したりするからです。

覚えていただきたいのは、この喜びの交わりこそが神が私たちに願っておられることであり、そのために神は私たちのうちで働いてくださっているということです。このことを学んでいくときに、皆さんが罪に対して正直に向き合っていただきたいと思います。

この詩篇130篇の背後に神の憐れみを深く感じます。私たちが罪を犯したときでさえも神の慈しみを感じるのです。私たちは罪の弱さの中にある時、神の憐れみを必要としています。神は憐れみの神であり、私たちに対していつも憐れみ深いことを選んでくださるお方なのです。このことを喜び、感謝しましょう。なぜなら私たちには時に神に従わない、ということが起こりうるからです。

この詩篇の1節から6節はとても個人的な内容です。しかし7節以降はイスラエルの人々全体に向かって語っています。私はこの午後、神の憐れみということに注目したいと思います。

一、主の憐れみ

まず、主には憐れみがあるから、私たちの深い淵からの叫びを聞いてくださるということです。この詩篇は、深い淵からの叫びで始まっています。「主よ、わたしは深い淵からあなたに呼ばわる。主よ、どうか、わが声を聞き、あなたの耳をわが願いの声に傾けてください」。それは著者の心からの願いです。彼は自分が深い淵の中に落ち込んでいると感じていたのです。

ここで『ヨナ書』を見たいと思います。神はヨナをニネベにおいて主の働きをするようにと召したのですが、彼は従いませんでした。そして船に乗り、反対方向に向かいました。それから何が起きたでしょうか。大きな嵐がやってきました。船に乗っていたのは神を信じる人々ではありませんでしたが、何かまずいことが起きているということはわかりました。ヨナは自分が問題であるということを認め、彼らはヨナを海に投げ込みました。そのとき神は大きな魚を備えられ、ヨナはその魚の腹の底から神に叫びました。この詩篇130篇の著者と同じ叫びです。神さま助けてくださいと憐れみを求めました。

ヨナは神が備えてくださった魚の腹の中で叫ぶことができたのです。私はこの九州ケズィック・コンベンションが大きな魚のようなものではないかと思います。神がこの場所を私たちに備えてくださったのです。私たちの生活の中に何か悪いことがあるならば、神に向かって叫びましょう。そして神との正しい関係を取り戻すのです。私たちの生活は忙しく、色んなことが心を占めます。ヨナは魚の腹の中で考える時間が与えられました。ヨナは文字通り底に沈んだのですが、その深い淵から神に向かって叫び、神はそれを聞いてくださいました。

そしてこの詩篇の著者の叫びも聞かれ、私たちの叫びも聞かれるのです。もし皆さんが自分は神に従っていないと思われるなら、また聖霊によって罪が示されるなら、すぐに主のもとに行ってください。そして神との正しい関係を取り戻し、神との喜びの交わりに生きていただきたいのです。私たちは主に向かって叫ぶことができ、神はその叫びを聞いてくださるのです。主には憐れみがある故に私たちの罪が赦されるのです。

二、赦す神

3節と4節は大変興味深いところです。それは質問の形で始まります。「主よ、あなたがもし、もろもろの不義に目をとめられるならば、主よ、だれが立つことができましょうか。しかしあなたには、ゆるしがあるので、人に恐れかしこまれるでしょう」。

この問いは大変、重要です。もし神が、私たちがしてきた喜ばれないことを全部記録にとどめておられるなら、それはなんとひどいリストでしょうか。すべての悪い考え、汚れた思い、プライド、自己中心的な行動、自己憐憫、不真実な言葉、肉的な思いから出る行動、他の人に対する批判的な考え。おお主よ、あなたがこれらすべてのことを記録にとどめておられるならば、一体誰があなたの前に立つことができるでしょうか。

しかし、その後には驚くべき宣言が続きます。「しかしあなたには、ゆるしがあるので」と。神は赦しの神です。何という真理でしょうか。新約聖書に生きる私たちは神がその赦しのために尊い御子をお送りくださったということを知っています。主イエスは完全な生涯を送られました。それゆえに尊い、完全なささげものとなることができたのです。イエスは否定され、裏切られ、十字架に架けられ、「わが神、わが神、どうしてわたしをお見捨てになったのですか」(マタイ27・46)と叫ばれました。イエスは私たちの罪の身代わりとして、十字架を背負われたのです。ですから、赦しが与えられたのです。私たちの思い、考え、言葉、それらのすべての罪がイエスのゆえに赦されたのです。

私たちが主の前に正直に罪を告白するなら、主は真実な方ですから、すべての罪を赦し、聖めてくださるのです。皆さん、神の願いは私たちが光のうちを歩んでいくことです。しかしそのためには私たちがまず自分が犯した罪を主の前に告白する必要があります。主に赦されたこと、そして主との正しい関係に歩むことができるということ以上に私たちを解放してくれるものは他にないのです。(次頁

写真、十字架のイエス、Andrea Mantegna, 1431～1506)

ルカによる福音書7章を見ると、イエスがシモンというパリサイ人の家に招かれたところへ一人の女性がやってきます。彼女はイエスの足に油を注ぎ、涙で主の足を拭きました。パリサイ人のシモンはそのことを喜びませんでした。そのときイエスはシモンに次のように尋ねられました。「ある人はわずかな金額の借金があり、もうひとりは多額の借金を抱えていましたが、両方とも借金が取り消されました。少しの借金を許された人と、多額の借金を許された人ではどちらが債権者に感謝するでしょうか」と。シモンはイエスのこの問いに、「多額の借金を許された人の方が感謝するでしょう」と答えます。

そのときイエスは興味深いことをシモンに教えられました。「この女を見ないか。わたしがあなたの家にはいってきた時に、あなたは足を洗う水をくれなかった。ところが、この女は涙でわたしの足をぬらし、髪の毛でふいてくれた。あなたはわたしに接吻をしてくれなかったが、彼女はわたしが家にはいった時から、わたしの足に接吻をしてやまなかった。あなたはわたしの頭に油を塗ってくれなかったが、彼女はわたしの足に香油を塗ってくれた」(44～46節)と。

このパリサイ人は自己義認の人でした。彼は自分にイエスが必要だとは考えませんでした。イエスは単なるお客様に過ぎなかったのです。しかしこの女性にとってイエスは救い主でした。イエスは彼女に、「あなたの罪はゆるされた」（48節）と言われました。なぜなら主には赦しがあるからです。

私たちが学ぶべきことは、私たちは赦しが必要な存在であるということです。たとえクリスチャンホームに育った人であっても、人間的に正しい生活を送っている人であっても、私たちは神の栄光には達しえない者です。神が喜ばれないことをしてしまっている者なのです。私たちは神の愛と赦しに対する感謝によって、聖い生活を送りたいという願いが起こされて歩んでいくのです。私たちの叫びは聞かれ、罪は赦されます。主には赦しがあるので、私たちは主にあって希望を持つことができるのです。

三、主への待望

5節と6節をお読みします。「わたしは主を待ち望みます。わが魂は待ち望みます。そのみ言葉によって、わたしは望みをいだきます。わが魂は夜回りが暁を待つにまさり、夜回りが暁を待つにまさって主を待ち望みます」。

皆さん、これは旧約聖書です。ここには神が約束を成就してくださるという期待があります。そして神の御言葉に対する信頼の心が表されています。著者は神の言葉を聞きたいという期待を持っています。それは赦しの言葉を聞きたいという願いかもしれません。新約聖書に生きる私たちは、イエスにあって赦しの言葉を聞くことができます。神が私たちの状況から、また罪の結果から救い出してくださるという救いの言葉です。

皆さん、神の言葉は癒しであり、働く命ある言葉です。神は言葉を通して私たちの人生を変えてくださるのです。ですから私たちは神の言葉を語る説教の力を信じるのです。それは単に頭で学ぶということではなく、神が言葉を通して私たちのうちに働かれるということです。神の言葉は力あるものです。そして聖霊が神の言葉を用いてあなたの人生にインパクトを与えるのです。神が、「光あれ」と言われたときに光ができました。神が、「あなたは赦された」と言われたときに、あなたは赦されたのです。神が、「わたしの力をあなたに与える」と言われたときに神の力があなたに与えられているのです。

著者はここですばらしいイメージを用いています。夜回りが一晩中警備をして町を守っているのですが、夜は長く、太陽が昇ってくるのを期待して待っています。そのように神の言葉が実現するのを待っているのです。私たちが神の前に謙虚に出て行くとき、神の前に自分の犯した罪を告白するとき、その瞬間にわたしたちは赦されています。しかしその罪ゆえの結果が残っていることがあります。人を傷つけたり、人間関係において不和があったり。そのような状態が癒されていくためには、時間が必要な場合があります。ですから私たちは主にあって待ち望むのです。そして神の御声を聞くのです。

神が人生における次のステップへと導いてくださる時を私たちは待つのです。

私の魂は主を待ち望みます。私の希望は神の御言葉の中にあります。なぜなら神の言葉を信頼しているからです。これは著者の個人的な証しです。神に向かって叫び、神が赦してくださったことを知り、そして今、神と神の言葉に信頼しているのです。今日、私たちも神の御言葉に信頼しましょう。私たちを導いてくださるようにと。神はいつも御言葉に対して忠実でいらっしゃるのです。


この詩篇はどのように終わっているでしょうか。著者は最後には人々に向かって叫びます。「イスラエルよ、主によって望みをいだけ」（7節）と。彼は自分自身の体験からイスラエルに向かって、主に希望をおきなさいと語ります。それは主に憐れみがあり、豊かな贖いがあるからです。新約聖書のことを考えますと、イエスは私たちの必要を満たす十分な救い主です。そしてイエスは私たちの罪のためだけではなく、全世界の罪のために御自身をいけにえとして献げてくださいました。そこに救いが、贖いがあり、すべての人にとって十分な救いなのです。

私は今日、このような美しい場所で、すばらしい交わりをさせていただいています。しかしこの建物の外におられる何百万人、何億人という人々がこの救いのメッセージを必要としています。私はこのメッセージをこの建物の外にいる人たちと分かち合いたいのです。神は深い淵に沈んでいる人たちのところに届きたいと願っておられます。神はそのような人々と喜びの交わりを持ちたいと願っておられるのです。そのために神は独り子のイエスさまを送ってくださり、私たちの罪を赦してくださいました。それによって私たちは豊かな贖い、救いを経験することができるのです。それは単に罪が赦されるというだけでなく、もっともっと神の約束や目的、その豊かな恵みを体験していくためなのです。

皆さんは放蕩息子の話を覚えておられるでしょう。息子が父親のところから出て行き、お金を浪費し、人生を無駄にしました。しかし彼は最終的に自分の本心に立ち返り、父親の元に帰りたいという願いが与えられるのです。父親はまだ遠くにいる息子を見つけ、戻ってきたことを喜び祝います。「祝おう、失われていた息子が帰ってきたのだから」。皆さん、神は赦しの心をお持ちのお方なのです。その御心はノンクリスチャンに対してもクリスチャンに対しても同じです。

ペテロは、「たといあなたと一緒に死なねばならなくなっても、あなたを知らないなどとは、決して申しません」（マタイ26・35）と言いました。しかし彼は実際には、主を三度も否んだのです。そのときペテロは外に出て行って、激しく泣きました。彼は深い淵に沈んでいたのです。

ヨハネによる福音書の最後のところを見ると、そのペテロのところにイエスがやって来られます。イエスは弟子たちが魚を捕ることができるように手助けをし、朝食を準備されました。しかしそれは単に食事を与えるということが目的ではなく、ペテロを回復させるためだったのです。

イエスはペテロに、「わたしを愛するか」と三度も問われました。イエスはペテロの心の深いところに働きかけておられたのです。そしてペテロが、「わたしがあなたを愛することは、あなたがご存じです」と答えるたびにイエスは、すぐにペテロに使命を与えられたのです。「わたしの羊を養いなさい」。「わたしの羊を飼いなさい」。そして最後に言われたのは、「わたしに従ってきなさい」ということでした。それはイエスが最初に弟子たちを召されたときに言われた言葉なのです。

私たちの人生のすべてはイエスに従っていくことです。それが神の私たちに対する招きなのです。私たちは時につまづくことがありますが、神は何度でも引き戻し、神の御国のために豊かな実を結ぶ人生を送らせてくださるのです。神は赦しの神であり、そのため独り子を送ってくださった神であることを覚えましょう。なんとすばらしい神さまでしょうか。

詩篇の詩人は言います。「主はイスラエルをそのもろもろの不義からあがなわれます」（一三〇・8）と。イスラエルの民はたくさんの罪を犯してきました。主から何度も離れました。しかしこの詩人の希望は、主が赦してくださり、救ってくださるということです。今日わたしたちは神が愛と憐れみと慈しみの神であることを知っています。このことは私たちにとって重要な真理です。皆さん、主にあって聖い道を歩んでいこうではありませんか。光のうちを歩むことを求めていこうではありませんか。

主の前に短くお祈りのときを持ちたいと思います。皆さんの中には神さまに話す必要を覚えつつここに来られた方がおられることでしょう。あなたは神さまから御言葉を聞く必要がありますが、同時に神さまに叫ぶ必要があるのです。どうぞこの時間、神さまを求めてください。神さまに叫んでください。

神さまが赦しの神であることを感謝いたしましょう。そしてこのような恵みを他の人と分かち合っていく働きを共にさせていただこうではありませんか。

神さま、もし私たちが今日あなたの前に罪を告白する必要があるなら、どうぞ聖霊様が私に罪を告白するための恵みを与えてくださいますように。主よ、私はあなたの赦しの恵みに感謝いたします。あなたがそのような赦しの神さまであられるので、私たちのあなたへの愛がますます豊かに成長していきますように。すばらしいイエスさまの御名によってお祈りいたします。アーメン。

（文責・横田 法路）

〈第19回沖縄ケズィック・コンベンション ―― 女性大会〉

真実な献身の業

デビッド・オルフォード

マルコ14・1～11

拝読された御言葉を通し、「主に対する真実な献身」ということを学んでいきたいと思います。この聖書の記事はとても分かりやすい内容です。これは家で起こった出来事であり、食卓での出来事でした。人々がイエスさまの周りを囲んでいて、そこで何かが起こりました。それが物語の中心です。私たちの人生は、単純な出来事の繰り返しと思うかもしれません。家を掃除したり、家族のために食卓を整えたり、そのような働きをするでしょう。しかし、そのような働きを主におささげするという思いで行うなら、それは神への礼拝となるのです。それは本当に私たちにとって意味のある行為で、神にとっても深い意味のあるものなのです。

私たちは一人一人は、特別な存在であるはずなのに、神さまは私たち一人一人を異なった存在、ユニークな存在として造っておられます。他にない賜物を与えておられます。私たちの人生のなかで何が大切かと言いますと、自分自身のアイデンティティーを知って、神の前に私たちをささげて仕えていくこと、そのことを神は喜んでくださるのです。

一人の女性の真実なる献身の姿に思いを向けていきましょう。

私たちは主イエスが、この女性の行為が世界中のあらゆる人々に覚えられると語られたことを心にとめようではありませんか。たった一つの小さな行為、家庭の場で、食卓で、多くの人々のなかで行われたことでした。しかしその一つの小さな出来事は、主イエスにとって大きな意味をもつことでした。

主イエスは十字架に向かって進んでおられました。イエスを罠にかけようとする試みが近づいてきました。この聖書記事の後にユダが裏切るということに進んでいきます。ここに起こる出来事ともう一つの出来事を対比して見ることができます。この中にいる一人の女性の出来事を心の中で思い描いてみましょう。女性のとった素晴らしいイエスさまに対する態度は、周りの策略に覆われているかのごとくでした。計略と裏切りの間に挟まれた一つの出来事でした。主の晩餐が祝われます。そして主はゲツセマネの園に向かわれ、そこで捕えられ、弟子たちに裏切られ、苦しみを受け、十字架にかけられて死なれる。しかし主は死から復活させられました。そうした御自分の人生の中でも最も暗闇ともいえる時を主が過ごそうとしておられた時、その暗闇の中に一筋の光のようにこの出来事が記されていくのです。

イエスはベタニヤにおられました。そこは友情のあった場でもありました。そこはラザロ、マルタ、マリヤがいた場所でした。その家でイエスは食卓に着き、横になっておられました。その時に真実な主への献身が示されました。この女性は石膏の壺を持って現れ、イエスの前にきてその壺を割り、入っていた油を主に注ぎました。とても高価な油です。聖書にはそのことが強調されています。彼女は個人的な思いを抱えて主のもとに来ました。公の場に突然、個人的な行為として行ったのです。そのときには、同じように油を注ぐような行為をする人がいたわけではありませんでした。彼女が個人的に主イエスにそのことを行ったのです。他の人がどう思おうと、関係なかったのです。

今日の聖書の個所には彼女の名前は記されていません。ヨハネ福音書にはマリヤとあります。彼女自身に人々の注意を注ぐためにそのことをしたのではなく、彼女が謙虚な心をもって行ったことです。これは犠牲的な行為でした。なぜ犠牲的かと言えば、彼女のこの行為の中には二つの性質が含まれているからです。第一にそれは非常に高価な行為、お金のかかることでした。そのことが周囲の人々の間に問題を引き起こします。この石膏の壺は一度割られるとそれを修復することはできません。注がれた油は、拾いなおすこともできません。完全に注ぎ込まれたのです。ここに麗しい行為の姿が表されています。主のためになされた真実な献身的な業です。まさにそれは高価な出来事でした。そしてそれをまったく主イエスに注ぎ切ったのです。この行為は個人的なもの、謙遜な心と犠牲をもって行われた非常に意義あるものでした。これは、意味のない感情に引っ張られて行われたことではないのです。なぜそのことが意義あるものかと言えば、それはイエスがこの後に言われた言葉に込められているからです。この彼女の行為または業をイエスは理解しておられます。

しかし同時にこの真実な行為は激しく非難されました。なぜこの高価な油を浪費したのかと。もしかするとこのお金で多くの貧しい人たちを養うことができたのではないかと。聖書は人々が鋭く彼女の行為を、「憤慨して」(4節)、非難したと記しています。彼らの非難の言葉は、非常に理にかなった内容とも思えます。周りには貧しい必要のある人たちが大勢いたからです。貧しい人たちがケアされることは必要なことです。しかしこの非難の言葉は怒りによって引き起こされたものでした。その怒りによって起こされたものであるがゆえに何か誤ったものであると考えられるのです。彼女に対して厳しく非難する。皆さんもご存じかと思いますが、弟子たちがそのような非難の言葉を口にしたとき、決してよいものではなかったと聖書の記録からみることができます。

ヨハネ福音書では、この非難の言葉を言ったのはユダでした。彼は貧しい人たちのことを考えていませんでした。なぜならイエスを裏切る直前の出来事でした。ですから私はこのユダの非難の言葉を真剣にとらえる必要はないと思います。このような言葉を語った弟子たちは皆、イエスを裏切りました。この後に起きる出来事を見るとき、このような言葉に対して注意深くありたいと思います。そしてそのなかに非常に大切なものを認める必要があります。そのような非難の言葉を浴びせた人々は、主イエスが、彼女がした行為について評価をする前に、この非難の言葉を出しているということです。それはどういうことかと言えば、その弟子たちは、他人をすぐ非難するそういう性質を内に抱いていたという点です。もし彼らが、彼女がした行為について主イエスが何を言われるのかを待っていたならば、非常に賢明な弟子たちであったと思います。この後何が起きるかと注意深く考えずに発言をし、何かを行うなら愚かな行為となってしまいます。

この朝、皆様に一つのことをお尋ねしたい。皆様は他人に対して、批判的な心を常にもっておられますか？　すぐ他人を評価し、非難する、そのような性質を心に抱いていませんか？　私たちはときに人々がなぜそのようなことをしているのかを知らずに非難することがあります。ですから私たちは「語るに遅く」、「怒るに遅く」ある必要があります。また、「聞くに早く」なる必要があります。私たちは一つの体、キリストの体に属するものですが、そのような行為を共にする必要があります。

もう一つのことをここから学びたいと思います。

私たちは様々な行いをしたとしても、そのすべてを人々は理解することはできません。なぜこんなに時間を浪費してまで神さまに仕えるのか、ということは他の人々は理解することができません。私たちは本当に多くの人々の非難に囲まれて生きています。世俗的な世の中でも、教会の中ですらそのようなことに囲まれて生きることがあるのです。私たちは他の人々のために生きているのではなく私たちは主のために生きているのです。そのことが神さまにとって価値あることであるということを、この聖書の個所は示しているのです。そしてそのことが、「忠実な良い僕だ。よくやった」（マタイ25・21）と言われる要素になります。

この非難の言葉の後に、主イエスは弟子たちに彼女を弁護する言葉を語られます。強い言葉をもってイエスは弟子たちに語られます。「するままにさせておきなさい。なぜ、この人を困らせるのか。わたしに良いことをしてくれたのだ」（6節）と。彼女は私のために立派なことをしてくれていると。これは主への感謝の行為として行われたものでした。そしてそれは、主がこれから死を迎え埋葬をされていくその備えのための行為であったのです。彼女は私の埋葬の用意として油を注いだというのです。主イエスは非難の言葉をかける人々のなかで、彼女を守るためにこの弁護の言葉を語られました。

貧しい人々に施すことができるのではないかと言った彼らの言葉についてイエスは、「貧しい人々はいつもあなたがたと一緒にいるから、したいときに良いことをしてやれる。しかし、わたしはいつも一緒にいるわけではない」（7節）と弁護されました。イエスさまは貧しい人々に福音を宣べ伝えるためにこの世に来られたのです。主イエス御自身も貧しい者になられました。眠るところもないほど貧しくなられました。ですから主が貧しい人々に仕えるということをここで非難されたわけではありません。

ここで主イエスが語られた言葉のなかに、とても大切なことが告げられています。

「何がいつもできるか」ということと、「何をしなければいけないのか」という二つのことが比較しながら語られています。貧しい人々に仕えることはいつでもできる。しかし私の地上での人生は終わりを迎えていると。先ほども申し上げましたけれども、イエスは十字架に向かっておられました。私たちの罪のためにその死を遂げようとしておられました。そしてこの女性はこの事実を何らかの形で見抜くことができていたのです。主のために、彼女は自分ができることをしたのです。彼女ができることを、必要とされているときに行ったのです。そしてそのことのゆえに彼女の行いはこの福音書の中に加えられるようになったのです。なんと素晴らしいことでしょうか。

本当にそれは一つの小さな行い、家の食卓の場で行われた出来事、そのことが福音書に刻まれたのです。私たちの献身は主イエスに対して真っ直ぐに行われるということであります。私たちがなす全てのことは主にささげるべきものとして行う。あらゆる人間関係において人々に仕えるとき、それは主に対する行為として行う。何が人生にとって価値あるものかを問い、主にとって意義あるものを私たちも選び取るのです。

皆様が主のために生き抜くことを求めていくなら、日々退屈と思えることに仕えていくときにも、それは主にとって最も価値あるものとされていることがあるのです。派手な行為でなくても主にとって価値ある行為とされるならば、それは私たちにとって意義ある行為となるのです。主の御心を知るために私たちは聖書を深く学ぶ必要があります。私たちは主と共に歩む中において、主の御心に対し、感受性豊かになる必要があります。主のタイミング、時を深く意識する必要があります。もしこの時この女性がこの行いをしなければ、まったく別のストーリーになっていたかもしれません。彼女の行いは実にその時を得ていました。

皆さん、この真実な行いをした女性を主が弁護され守られたということを覚えてください。主は信頼できるお方です。周りの意見に振り回されることなく主の御心を求めて主に従っていきましょう。「はっきり言っておく。世界中どこでも、福音が宣べ伝えられる所では、この人のしたことも記念として語り伝えられるだろう」（9節）と。私は主イエスがこのように述べておられる言葉を他に知りません。世界中の人々が彼女のしたことを覚えるでしょうと語られたのです。このことは福音書の中に記されました。私たちが主のために為したことは、それこそが意義あることなのです。それは永遠に残るもので、主が覚えておられます。「神は不義な方ではないので、あなたがたの働きや、あなたがたが聖なる者たちに以前も今も仕えることによって、神の名のために示したあの愛をお忘れになるようなことはありません」（ヘブライ6・10）とあります。ここで語られているように、そのようになされた愛の行いを主は決してお忘れにはならないのです。

最後に二つのことをお話しして終わりたいと思います。

エドモンド・ヒラリー（次頁写真左、Edmund Hillary, 1919〜2008）という方のお話をしたいと思います。

この人は、世界で最初にエベレスト山（チョモランマ）の登頂に成功した人でした。案内人の人と共にエベレスト山の登頂に成功したのです。一九五三年五月二九日にエベレスト山の登頂に成功しました。なんと素晴らしい成果でしょう。まさに世界の一番高い頂きに立ったのです。

しかし、一つ興味深いことを皆様にお伝えしたいと思います。高いところに立ったのですが、ほんのわずかの時間でそこを降りざるをえなかったのです。風の強さや気温の低さから長くそこにいることができなかったのです。そのときある人がこう語っています。皆さんも考えてみてください。この登山のために時間と多くのものをささげてすべての準備をしたのにも関わらず、たった数分間だけしか山頂にいることができなかった。世界の最も高い頂きに数分間だけしかいられなかったのです。その後も他の人々が野心をもって目標を立てます。様々な事柄を、目標を達成するために。しかしそのことは永遠に残るものでも永遠に続くものでもありません。もちろんそれはある種、人々を魅了するものであるかもしれません。しばらくの間、多くの人々に影響をもたらすものであるかもしれませんが、しかし、永遠にその効果をもつことはできないのです。

二つ目は私の父のことです。私の父がちょうど二〇代のころ、主イエスから離れている時期があり

ました。父は、今でいうＦＩのレーサーで、あるときオートバイ事故に巻き込まれ深刻な事態に陥りました。医者は彼に施すことのできるすべてのことをして家に帰したのです。そのころ祖父が、アフリカのアンゴラで宣教師の働きをしていました。私の父は事故の後、生死をさまよい、ベッドの上にいました。祖父からの手紙が届きました。祖父は事故のことを知りませんでした。私の祖父がアフリカの宣教師であったころは、手紙が届くのに三か月もかかる時代でした。普段、祖父は宣教地での様子を手紙に書いていました。しかし、その時受けた手紙の内容は異なっていました。この手紙の中央に後に有名となる言葉が刻まれていました。私の祖父が私の父に託した言葉でした。

「私たちはたった一つの人生を生きていくことしかできない。すぐに過ぎ去っていく人生でしかない。しかし、キリストのためにすることだけが永遠に残っていく」（Only One Life it will soon be past, only what is done for Christ will last.）と。

私が最後に皆さまに語りたいことは、私たちがキリストのために為したことは、永遠に意味あるものとして残るという真実です。私たちの人生を神さまへささげようではありませんか。神さまが私たちに与えてくださった賜物を大切に神さまにおささげしていこうではありませんか。それこそが主にとって、また私たちにとって意義あることなのであります。そのことは永遠に残るものなのです。

（文責・齋藤 清次）

〈第5回東北ケズィック・コンベンション――聖会2〉

主との交わりの回復

小寺　徹

ヨハネ4・1～15

人間関係が崩壊していると言われている時代です。隣人との交わりが希薄になり、孤独死が増えています。身近な人に助けてと言えない、親戚や知人にさえも助けてと言えない、自己責任が強調され、人に迷惑をかけてはいけないと考え、人間関係は非常に希薄に、冷たい関係になっているのです。主は私たちに対して人間関係の回復を願っておられます。そのためにはまず神と人との関係の回復が求められるのです。

ニコデモは主と出会ってから数年後の、主イエスの十字架の死後、その埋葬の時に主を信じて決断したとするならば、主イエスを救い主と信じるために数年経過したことになります。彼は富める人、サンヒドリンの議員、高貴な一族の一人でした。後のエルサレム陥落の時、ユダヤ側の使者となったのがニコデモの子孫と言われているユダヤ社会のエリートでしたが、彼にも人に言えない悩みや苦しみがあったのです。

主は、「水と霊によって新しく生まれなければ神の国を見ることはできない」と、霊による誕生の必要を説かれました。また十字架の救いと永遠の命、そして信じる者に与えられる神の愛など、多くを語っておられます。しかしニコデモの心は、主の言葉を直ちに受け入れることはできませんでした。

サマリアの女性が救われるまでの時間は数時間と考えられます。短時間でこの女性は悔い改め、真の礼拝という恵みの高嶺を示され、イエスをキリスト、メシアと信じたのでした。

一、「水を飲ませてください」

この女性はユダヤ人と交わりのないサマリア人であり、自分の民とも断絶した、名も無き人でした。汚れた女性、罪の女性として、太陽の日差しの強い昼時に、人目を避けて水を汲みに来たのです。主イエスは、「何が人間の心の中にあるかをよく知っておられ」(2・25)ました。

主は、「水を飲ませてください」、すなわち「助けてください」と彼女に声をかけられました。女性よりも低い場所に、主は疲れて腰を下ろしてくださったのです。女性が上から主を見おろしたのです。絶えず見下げられ、裁かれていた女性が、主に水を差し上げる優位な立場に立ったのでした。

一緒に来た弟子たち全員を食物を買いに行かせる必要はなかったと思いますが、主はこの場所、この時間、この場面を設定されたのではないでしょうか。もし他の男性がこの場にいたら、この女性は主のもとに来なかったでしょう。この見下げられていた女性を救うために、普段は通らないサマリアを目指し、彼女の人生を変えるために来られたのです。ニコデモは主を尋ねましたが、この女性の苦しみや悩みや今までの人生の全てを知って、主の方から尋ねて来られたのです。

「渇くことがないように、また、ここにくみに来なくてもいいように、その水をください」と語った女性に対して、主は「永遠の命に至る水」、キリスト御自身を与えようとされました。「水をください」と願ったのは最初はキリストでしたが、しかし会話が進むうちに、いつの間にかこの女性がキリストに、「その水をください」と願うようになったのです。

この時、この女性の実態が明白になりました。「あなたの夫をここに呼んできなさい」との主の厳しい言葉に対して、「わたしには夫はいません」と語り、主は彼女に、「五人の夫がいたが、今連れ添っているのは夫ではない」と告げて、彼女の過去を明白に示され、心の中にあった、自分でも抑えることのできない飢え渇き、罪の現実を示されました。

様々な問題や事件の原因は、人間関係の破れです。自己中心という人間の罪性が社会をゆがめ、自然宇宙をも崩壊させます。神の独り子である主の身代わりの死がなければ、私たちの罪は重く、自分の力ではどうにもならない程に、腐り果て、悪臭を放ち、汚れているのです。

今の社会は、聖くない事柄によって動かされています。儲かればよいというような金儲け主義、強い者が勝つという弱肉強食の社会です。質ではなく量の問題、それは「大量生産、大量消費、そのために健康で、賢く、強い人間」という考えです。しかし質の問題とは、「わたしの目にあなたは価高く、貴い」（イザヤ書43・4）という神の目から見て、私は唯一の、かけがえのない存在、一人であると信じることです。

一人一人がキリストの愛に支えられた貴い存在、招かれた存在であるというのがキリストの共同体なのです。「わたしの教会を建てる」とキリストが語られた、キリストの体であり、一人一人が、役割をもち、分担し、聖い心によって共に生きる共同体なのです。

キリストの十字架の前に立つ共同体は、神のふさわしさを持たなければなりません。教会が人間的な力量とか手腕とかお金とかで運営される組織となるならば行き詰まります。教会は十字架を土台にして、お互いが愛し合う、自己中心の心が聖められる、神の聖さが求められます。その聖さは人間の努力ではなく、キリストの真実に支えられた、聖霊が与えてくださるものです。

二、交わりの回復の方法

1 場所

主はこの女性との交わりのためにわざわざ弟子たちを遠ざけて、女性との交わりの時をつくられました。私たちも同様に主が願われる一対一になる時を持つべきです。戸を閉じて、自分ひとりになる時が必要です（マタイ6・6「あなたが祈るときは、奥まった自分の部屋に入って戸を閉め、隠れたところにおられるあなたの父に祈りなさい。そうすれば、隠れたことを見ておられるあなたの父が報いてくださる」)。朝でも昼間でも、夜でも、主に語りかける時を持つのです。

黙想の時、静止の時、静まる時、主とお会いする時、このような時を継続して持ち続ける人は、神を見る人となるのです。日常生活の些細な出来事の中でも、「主よ助けてください」と祈るのです。「わたしは主から離れたら何もできない」(ヨハネ15・5)と謙遜になって受け止め、どのような小さなことさえも、主に祈って行うのです。

2 自分の現実と向き合う時

この女性にとって水汲みの時とは、自分の現実が絶えず示される時でした。避けたい、最も辛い、悲しい時でした。誰にも会いたくない、見られたくない、この女性の本質、自分の欲望を満たすことを選んだ人生であることが証明される時でした。それは人との正しい交わりを拒んだことによって、自らの本質を見つめざるを得ない時でもあったのです。

だれも自分のことを理解してくれないと嘆いていた悲しい人でした。正しい交わりから逃げ、決断を避けている人でもありました。しかしこの最も自分の現実から避けたいような時こそが本当の自分と出会う時であり、自分の本当の姿を認める時でもあるのです。主との出会いにより自分の罪深い本質が明らかにされたのです。

3 御心を聞く

この女性は渇きを持っていました。主との対話によって、自分が渇いている者であることを認め、自分の罪を認めました。ありのままの自分を認めざるを得なかったのです。

神との交わりで最も大切なことは、御心を知り、神が私に何を語りかけてくださっているかを受けとめることです。具体的には、御言葉と取り組むことにより自分の本質、罪を認めることです。主がまず「わたしは渇く」と語られて、彼女に自分の現実を知るように導かれたのです。御言葉は私たちの現実を示し、また救い主、キリストへと導くのです。

4 交わりの方法

目に見える水から永遠の命に至る水へと対話は飛躍しました。物質的な人生から霊的な人生へと転換されて、人は目に見えないものを求めていくことになります。憎しみや妬み、自らの現実、自分でもどうにもできない罪を祈りによって神の前に差し出すのです。つぶやきや悪口などを人に語ると相手は辛いのです。しかしそれを主に向ける時に、祈りになるのです。主はそのために来てくださったのです。罪を負うために来てくださったのです。

息を吐くようにして、自分の内にある罪を認めて、主に差し出しましょう。主からは聖霊の実、神の聖さ、大きな恵み、豊かな祝福などを、息を吸うようにして与えられます。その恵みを信仰によって主から確かに受け取りましょう。

3　交わりの回復としての礼拝

霊と真理による真の礼拝が語られ、神を賛美するために、サマリアでもエルサレムでもない場所が示されています。幕屋は「神との交わりの場」であり、「わたしは彼らの中に住むであろう」（出エジプト記25・8）と約束される場でした。神は絶えず私たちとの交わりを求めておられます。神が私たちの所に来て、助けようとしておられます。祈りと願いを神が聞いてくださる場、それが神殿であり、神と人との交わりの場であり、礼拝の場です。

礼拝する人生こそが、主が願われる私たちの目標です。神との関係を回復し、人と人との関係、自分自身との関係が回復されて、誰とでも喜びと感謝をもって共に歩む人生を生きることができるのです。

キリストの十字架こそ、罪深い私たち一人一人をかけがえのない者として愛してくださっているという、神の愛の実現です。この深い神の愛を知った者は、神の愛に生かされていることを認め、十字架による神の愛を受けとめて、心動かされて神の愛を実践せざるをえないのです。神の愛を受け入れ、神の愛に生かされる時に、神に対する喜びと感謝に導かれ、真の礼拝に至るのです。

その後、彼女はどうなったでしょうか。「水がめ」（今までの罪の生活の象徴）を置いて走り出しました。自分自身が変えられていく喜びに満たされ、キリストを伝える者となりました。「わたしが行ったことをすべて、言い当てた人がいます。もしかしたら、この方がメシアかもしれません」（ヨハネ4・29）と叫びました。今まで秘密であった出来事、隠れた場所で語られていたことを公然と自分から大声で語ったのです。この女性の言葉によって多くの人々がキリストに導かれました。田畑が色づき、実ったように多くの人々が変えられたのです。サマリアのリバイバルが主の宣教の初期に起こりました。

私たちは自分の現実を変えて欲しいと祈る場合がありますが、自分が変わらないと現実は決して変わらないのです。自分の現実は自分が作り出した、自分の決断の結果だからです。

この女性が選んだ現実は誰とも交わりのない、毎日、昼の時間に水を汲みに行かなければならない辛い、悲しい、悲惨な現実でした。しかしこの現実は女性が自らの欲望を満たした罪の結果でした。この現実を女性が選んだのです。ですからこの現実を変えるのは女性にしかできないことでした。女性は自ら決断してイエス・キリストを救い主と信じて、罪を悔い改め、神との生ける交わりが回復され、人々との交わりも回復し、人々と同じ時間に水をくみに行けるようになったのです。私たちが生きている困難な現実とは、私たちが作り出しているのです。私たちの問題なのです。この現実の解決は私が決断し、私が主によって自分自身を変えられること以外に変わらないと受けとめるのです。

イエス・キリストは、この女性の現実、罪を受けとめてくださったのです。イエス・キリストは今も私たちの罪や重荷や悩みを受けとめ、共に悩み、共に苦しんでくださるのです。

様々な問題や事件の原因は、人間関係の破れです。人間はいつも自己中心、行くところまで行かないと収まらないのです。この罪が社会をゆがめ、自然宇宙をも崩壊させます。神の独り子である主の身代わりの死がなければ、どうにもならない程に、私たちの罪は重く、自分の力ではどうにもならない程に、腐り果て、悪臭を放ち、汚れているのです。

私たちのこのどうにもならない現実に対して、主はその現実を受けとめ、私たちを造り変えることによって、真の礼拝に至る道を主と共に歩ませてくださるのです。

ローマ12章2節に、「あなたがたはこの世に倣ってはなりません。むしろ、心を新たにして自分を変えていただき、何が神の御心であるか、何が善いことで、神に喜ばれ、また完全なことであるかをわきまえるようになりなさい」とあります。ここには主による新しい生活、実践生活が語られています。この世の弱肉強食の価値観に生きてはなりません。心を新たにして、考え方、価値観を変えていただくのです。

心とは、「存在そのもの」を意味します。心を変えないと、何も変わらないのです。自分の存在そのものを変えるためには、十字架の主によって変えていただき、聖霊に従うのです。日々何が御心かを祈り、具体的に日々の生活の中で何をすべきか、どのような小さなことも祈りつつ、主に助けていただいて、導かれていくことなのです。

あとがき

主の限りない御恵みに導かれ、日本ケズィック・コンベンションはこの二月、記念すべき第五〇回を迎えることができました。改めて、主に賛美と感謝また栄光を帰すとともに、この半世紀にご奉仕してくださった海外からの諸講師を始め、通訳陣、委員の諸師、ケズィックのために祈り、献げ、奉仕してくださった数知れぬ諸兄姉に感謝したいと思います。

この五〇回大会のために、英国よりロバート・エイメス師、米国よりデビッド・オルフォード師とご母堂のヘザーオルフォード夫人、日本人講師として峯野龍弘委員長、村上宣道東京委員会副委員長が、また早天聖会は、大阪ケズィックで長年通訳を担当しておられる三ツ橋信昌師、東京委員会の原田憲夫師がそれぞれ尊い御言葉の御用をしてくださいました。

先生方のメッセージはあたかも三月一一日の東日本大震災を予知していたかと思えるほどで、主の深い御憐れみを覚えずにはおれません。エイメス師は、ヨセフの生涯から、「困難な人生をいかに前向きに生きるか」について語られ、オルフォード師も、ニュージーランドやハイチでの地震に触れ、日本の被災地で現在も救援活動を続けている「サマリタン・パース」のことを最初の晩に語っておられました。

今なお余震の続く日々、加えて原発に伴う様々な不安の中にあられる被災地の皆さんに、一日も早い穏やかな生活が取り戻されるよう、そしてこの中から主の新たなる御業が創造されるよう、祈らずにはおれません（七月二〇日現在で亡くなられた方15、592名、行方不明者5、070名）。かけがえのない愛する方々を失われた人々に、主の特別な御慰めと平安を切に祈ります。

この五〇回大会を記念して中央委員会によって、『荒野から聖なる大路へ』（B5判164頁、定価：本体1、800円＋税）が出版されました。有り難いことには、付録としてDVDが付けられています。第一回からの歴代の音声説教が一〇九編、『ケズィック』誌第一号～一一四号と「ニューズ・レター」第一号～四九号の完全PDFデータ、『ケズィックのミニストリー――その歴史・神学・貢献――』、『ケズィックのミニストリー'88 その歴史・分析』も収録されています。

いつもながら通訳のために多大の労を担ってくださった小西直也師（エイメス師）、錦織寛師（オルフォード師）、またこの『説教集』にために要約を担当してくださった大井満、錦織博義、土屋和彦、岩井 清の諸師、北海道ケズィックの高橋養二、大阪ケズィックの吉木 裕、九州ケズィックの横田法路、沖縄ケズィックの齋藤清次、そして小西直也の諸師に深く感謝します。

願わくは主が本書を祝福し、厳しい試練の中にあるすべての人々に生きる希望をもたらしてくださるよう、祈ってやみません。

二〇一一年七月　初夏

（黒木 安信）

2011年大会シンボルマーク

2011ケズィック・コンベンション説教集
生きることはキリスト
To Live is Christ.

2011年7月20日　初版発行

編　集―黒木安信

発行者―日本ケズィック・コンベンション
〒101-0062　東京都千代田区神田駿河台2-1　OCCビル515
TEL 03-3291-1910（FAX兼用）
URL：http://www17.plala.or.jp/keswick/
e-mail：jkeswick@snow.plala.or.jp

発売所―株式会社ヨベル
〒113-0033　東京都文京区本郷4-1-1　TEL 03-3818-4851

DTP・印刷―株式会社ヨベル

配給元―日キ販　東京都新宿区新小川町9-1　振替00130-3-60976　TEL03-3260-5670
ISBN 978-4-946565-72-4　Printed in Japan　©2011